있음과 없음 너머

김 광 원

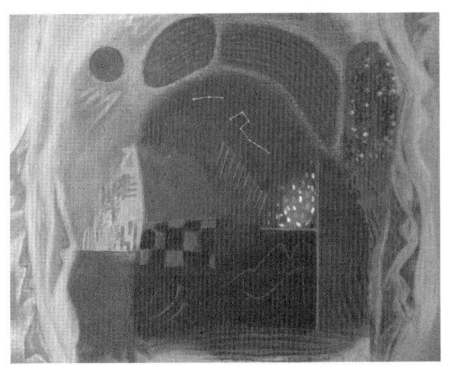

문예원

| 시인의 말 |

풀잎이슬에 아침햇살이 스며든다.
거미줄 한 가닥에 매달려 애벌레 한 마리 요동한다.
강 하구, 노을빛에 물들어 아스라이 반짝인다.
방금 통화를 나눈 한 시인의 말이 귓가에 머물고 있다.
기차바퀴 소리가 소음을 뚫고 울려온다.

가만히 앉아 있어도 양팔의 피부에 잠시 머물다 스치고 가는 오월의 바람이며, 끝없이 떠오르는 이런저런 사념들도 현재 내가 살아있음을 생생히 보여주는 증거들이다. 이 모든 변하는 것들은 뒤죽박죽이 아니다. 변하는 모든 것들은 아무리 흘러도 변하지 않는 불생불멸의 거기서 끝없이 솟아나오는 샘물들이다. 이 빛나는 것들을 어떻게 맞이하고 어떻게 보낼 것인가.

변하는 것들을 바라보면 변하지 않는 것의 내부가 보인다.
그 내부에 그려진 형상이 보인다.
안팎이 하나라는 게 얼마나 큰 다행인가.
희망인가.

| 차례 |

시인의 말 2

1부

2022년 봄—개똥밭·1　11
괴물론—개똥밭·2　12
녹두장군 전봉준—개똥밭·3　14
깃발—개똥밭·4　16
연잎—개똥밭·5　17
봄이라고?—개똥밭·6　18
동행—개똥밭·7　20
겨울목련—개똥밭·8　21
전라감영 선화당—개똥밭·9　22
겨울나팔꽃—코로나19, 전주한옥마을 풍경·1　24
캐리커처 때문에—코로나19, 전주한옥마을 풍경·2　26
고하 최승범 시인—코로나19, 전주한옥마을 풍경·3　28
순례길 감나무—코로나19, 전주한옥마을 풍경·4　30
타프롬 사원　32
수상가옥　34
하롱베이　35
캄보디아, 어떤 우물　36
별천지　37

2부

거울 41
엽서 42
장다리꽃 43
봄비 내리는 날 44
풍경風磬 45
만덕산 후박나무 46
고향 47
겨울 숲속 49
석류 50
피아노―어제와 오늘 사이 : 설화說話 52
어성초 비린내 53
복수초 54
긴코원숭이 56
봉서사鳳棲寺 58
설날 오후 60
은비녀 61
누워있는 화가―김충순 화가의 소식을 듣고 62
선재僊齋 시인 64
'달이'와 '송이' 66
비빔밥을 먹으리라 68

3부

예술가 71
개마고원 72
임진각 산뽕나무 73
신인류 75
코로나19 봄풍경 76
꽃밭에서―코로나19 신인류 78
출근하는 고라니 80
저것들 좀 보아 81
축제―제물들을 위한 기도 83
금강부부 85
어쩌나, 저출산율 1위 86
장군의 눈빛 87
노근리 들꽃 89
의병 이칠봉―아버지께 올리는 말씀 90
낮달맞이꽃―응우엔티탄 92
미얀마 봄풍경 94
열세 살, 디미트로 쿠바타―우크라이나 2022.7.20 96
백두산 찬가 98
골령골학살 73주년 100
관동대지진 학살 100주년 102

4부

엄마 목소리—발달장애인 교실풍경·1 … 107
죽비—발달장애인 교실풍경·2 … 109
눈사람—발달장애인 교실풍경·3 … 111
무지개교실—발달장애인 교실풍경·4 … 113
컵 쌓기 한 날—발달장애인 교실풍경·5 … 115
투호놀이 한 날—발달장애인 교실풍경·6 … 117
풍선 나르기—발달장애인 교실풍경·7 … 119
엄마, 사랑해요—발달장애인 교실풍경·8 … 121
볼링놀이—발달장애인 교실풍경·9 … 123
봉숭아물들이기—발달장애인 교실풍경·10 … 125
미니민턴 게임—발달장애인 교실풍경·11 … 126
'마음꽃' 그리는 날—발달장애인 교실풍경·12 … 128
매발톱꽃—발달장애인 교실풍경·13 … 130
마술사—발달장애인 교실풍경·14 … 132
하이파이브—발달장애인 교실풍경·15 … 134
난생처음—발달장애인 교실풍경·16 … 136
양팔하트—발달장애인 교실풍경·17 … 138

| 뒤풀이: 시詩 — 내 삶의 수련·2 |
나에게도 과연 손님이 오실까요? … 141

제1부

2022년 봄
—개똥밭 · 1

무너지고 까무러치고
속도 뒤집혀보고
땅도 쳐봐야 알지.

산골짝 저 눈부신
산벚꽃도
새들이 쪼아 먹고
똥으로 내갈겨 만든
걸작 아니던가.

개똥밭 구르고 굴러
내 씨알 하나
틔워낼 수 있을까.

꽃들, 하늘하늘
무너져 내리네.
새 하늘
아득히 건너오고 있네.

괴물론
—개똥밭 · 2

괴물은 없네.
방안이 요란해 먼지가 자욱할 뿐
잠시 놔두면 고요해지지.

잠자다 일어난 새벽과
다시 또 일어난 새벽 사이
난 따라다니는 요물들에 시달렸네.

끝없이 시달리는 게 억울하고
퍼뜩 스치는 게 있어 소리쳤지.

"이 허깨비들아"

허~ 이럴 수가?
그 시끄럽던 요물들이 뽕 사라진
눈앞의 텅 빈 자리……
난 깜짝 놀라 눈을 떴네.

봄이 와도 봄이 아닌 아침마다

허공을 마주하고 외치네.

"이 허깨비들아"

녹두장군 전봉준
―개똥밭 · 3

전라감영을 복원해 놓은 전주에서
창작판소리 '녹두장군 전봉준'이 첫선을 보였지요.
128년 전 '이게 나라냐'며 혁명이 시작되었노라고
임진택 창본작가는 운을 떼었지요.
스스로 광대라고 하면서 말이지요.
왕기석, 송재영 명창과 임진택 광대가
회포를 뿜어내는 세 시간 내내
난 열이틀 전, 이태원 그 좁은 골목길 풍경과
신문기사 한 대목에서 벗어날 수 없었지요.

"우르르 쏠림이 얼마나 심했는지
상상할 수 없을 정도였다.
내 위에 100kg 무게의 바위가 있는 것 같았다.
내 옆에서 꼼짝 못하던 한 소녀가
울면서 천천히 호흡을 멈췄다."

이게 나라냐……
광대가 엇중모리로 부르는 마무리 사설에서
우린 지금 긴 혁명의 끝자락에 서 있음을 떠올렸지요.

"그대 들것에 실려 처형장으로 끌려갈 때
누군가 찍은 사진 속에 타는 눈빛으로 건네던 말
오늘 나는 알겠네, 우리들 모두 알아챘네.
이제 우리 스스로 활활 타오르겠네."

깃발
―개똥밭 · 4

얼어붙은 겨울이다.
잠시 후 천지에 널려 있는 똥들
흐물흐물 풀어지고
한바탕 썩은 내 진동하리라.
여기 텃밭,
속은 타들어가고 뒤집어져서
이게 마지막 수업료일까?
그렇게 퉁퉁 가슴을 치리라.
이태원참사, 얼굴 없는 조문소 걷어내고
겨우겨우 49재도 치러냈고
말 그대로
고혈을 짜서 올린 깃발 하나
이 아득한 밤바다에 펄럭이겠구나.
수만 리 흩어졌던 혼들도
꽃잎 하나씩 들고
미리내 미리내 흐르겠구나.
사람이 하늘이다, 또 외치겠구나.

연잎
―개똥밭 · 5

나에게 침을 뱉어 보시라.
그대 침은 또르르 옥구슬로
굴러가리라.

지금이 왜정 때인가.
폭력은 꼭 나라 이름으로 일어나는가.

때린 자는 나 몰라 하는데
우스워라.
피해 보상은 내 나라 돈으로 한다네.

그렇게 또 침을 뱉어 보시라.
그대네 옥구슬 또르르 돌려 드리리.

내 죽은들 수요집회 사라질까.

한밤중 피어오르는
눈물꽃이여.

봄이라고?
—개똥밭 · 6

아파트 입구에
산수유꽃이 활짝 펼쳐 있어
하늘이 노오래졌는데
허~ 즐겁질 안혀.

노망든 노인이
막무가내 소리치고
집 벼랑빡에다
마구 똥칠하고 있는데
어쩔 것이여.

오죽허면
구십오 세 양금덕 할머니가
당신 옷 벗고 나가,
이게 사람이 할 짓이여,
외쳤을 경가.

참 징허기도 허지.
이렇게 봄이라고?

허어~ 오 년짜리도 아닝게벼.
꼬라지 한번 지켜볼 텡게.

동행
—개똥밭 · 7

아중역 앞 큰길가,
손수레 안에
복실복실한 개 한 마리
얌전히 앉아 있다.

할머니는
여유 있는 손놀림으로
폐지를 정리해 담고
스르르 떠나간다.

무표정한 늙은 개이지만
주인의 모습 하나하나
다 읽고 있는 표정이다.

주인을 닮은 부처,
왕자처럼 떠서 간다.
뭐 부러울 게 없다는 듯
바퀴가 굴러간다.

겨울목련
—개똥밭 · 8

아득하지만
우리들은
기도를 멈출 수 없어.

오체투지하며 얻어낸 이태원참사특별법이
손쉽게 거부된 이 아침,
그래도 오늘 여기
하늘을 향해 손을 모으고 있으면

네 목소리가 들려.
눈부시게 빛나던 네 얼굴이 보여.

겨울이 봄이고
봄이 여름, 가을, 겨울인데
이걸 어느 누가 막아?

다 내려놨는데
어쩔 거여.
그리움이 막 터져나오고 있이.

전라감영 선화당*
―개똥밭 · 9

역시 괴물은 없고 허깨비들이었네.
민초들은 끝내 겨울숲을 지키고 있었네.
땅도 비 온 뒤 단단해지는 거지.
마지막 수업료라 힘들었구나.
동학농민혁명 130년 만에 소식이 왔네.
아득하던 봄이 활짝 열리려나.
2024년 4월 2일 맑은 오늘은
조선왕조 500년 끝에 농민군들이 얻어낸
전주화약을 떠올리며 걷고 싶네.
내 반려견 코코에게 예쁜 옷도 입히고
화려한 아중천 꽃길도 걸어보고
시냇물속 오리가족도 만나고
그래, 농민군들이 입성한 풍남문을 지나
전라감영 선화당을 돌아봐야겠네.
원평집강소도 가봐야지.
그 뜰안에 피어나는 꽃들도 만나야지.

* 선화당(宣化堂) : 녹두장군 전봉준과 전라감사 김학진이 체결한 전주화약 (1894. 5. 11)에 따라 세운 전라도 53개 집강소를 관리, 감독하던 곳.

이제 새로 시작하게 될 개벽의 싹들
보고 싶다.
이 땅에 묻힌 아픈 얼굴들 떠올리겠네.
모처럼 밝은 미소들 만나야겠네.

겨울나팔꽃
―코로나19, 전주한옥마을 풍경 · 1*

모여서 떠들고 유쾌하고
이보다 즐거운 일 있을까.

이성계 어진이 있건 말건
우리도 춘향꿈 꾸고 싶어요.

한복 입은 여중생 다섯
벤치에 스마트폰 세워놓고
찬란하게 포즈를 잡는다.

나팔꽃, 공중에 떠 있어도
고개는 절로 하늘로 틀어지지.
마스크 두른들 달라지랴.

밟혀도 밟혀도 나오는 게
여기 들녘, 봄의 싹들이지.

---

* 이 연작시는 한국문화예술위원회에서 주관한 '코로나19 예술로 기록' 사업의 일환으로 창작한 작품임.

코로나19 절정 속에
경기전*의 겨울이 녹아버렸네.

---

*   경기전(慶基殿) : 전주시 완산구에 있는 조선 1대 임금 태조 이성계의 어진(御眞)을 모신 곳.

캐리커처 때문에
―코로나19, 전주한옥마을 풍경 · 2

창밖에서 캐리커처 구경하다가
내가 주인공이 되어버렸네.
"10분 정도만 앉아 계셔요"
화가는 내 얼굴 바라보고
난 마스크 쓴 화가를 바라보고

"코로나 전엔 휴가철 온종일 일하고
하루 백만 원도 번 사람이 있어요."
시인 앞에 앉는 건 처음이라 해서
나도 모델이 되어 설렌다 했지.

한순간 달려오는 눈빛에
흐르던 물이 되돌아 솟구쳤나.
"어쩜 이렇게 똑같을까?
근데 40년은 더 젊어 보여"

집에 오는 길, 파스텔그림 바라보며
"난 너 때문에 이리 즐겁고
그래서 이렇게 함께 신이 나고"

아~ 맞아, 그렇지……

전주 출발, 기차에서 내린 월요일 새벽
목포항에서 해남 화원반도로 떠나가는
스물일곱 그 젊은 여객선 위로
갈매기랑 붉은 해랑 막 떠오르고 있네.

고하 최승범 시인[*]
―코로나19, 전주한옥마을 풍경 · 3

전주천이 흐르는 서학동棲鶴洞 옆길에는
깃을 접은 단정학丹頂鶴이 살고 있다.
구순 넘은 날개 속에선
때로 바람이 일고 구름이 핀다.
『문학공간』에서 매달 연작시가 나온다.
당신의 시집『자투리』가 이제 막
'고하문학관'에 도착했다며
기쁜 목소리로 알려오셨다.
다음날, 조그만 케이크 하나 들고
막걸리도 하나 끼워 넣었다.
마스크 걸친 세 사람이 둘러서서
촛불도 켜고, 케이크도 자르고
그렇지,『자투리』를 펴 눈에 띄는 대로
시조 한 수 읽어 올렸다.
"먼 산 흰구름 띠 둘러 있고
품안 가벼이 넘나든다

---

[*] 최승범(1931~2023) 시인 : 전북 고창 출생, 전북대 교수, 〈고하문학관〉 관장 역임.

일마다 낙낙하여라 절로 이는 흥결이다"
눈가에 얼핏 하얀 깃 펼치시는가,
전주향교로, 오목대로 향하다
한복 입은 젊은이들 오고가는 길,
마스크 쓰고 맛집 앞에 길게 서 있는
그 진풍경도 바라보다
경기전, 전동성당, 풍남문 지붕 휘 돌아서
너울너울 보금자리로 돌아온다.

순례길 감나무
―코로나19, 전주한옥마을 풍경 · 4

동학혁명기념관을 눈앞에 마주하고
육백 살 은행나무 몸통에 새봄이 솟는다.
한가한 골목길에서 만난 '승광재承光齋',
고종황제의 손자, 한때 가수로 '비둘기집'을
불렀던 이석 님이 여기 주인장이지.
오백 년 왕조가 고향땅에 돌아왔는가.
'최명희문학관' 입구 돌덩이얼굴,
난꽃 같은 속눈썹 고이 감은 두 눈은
명상의 바다에 빠진 지 오래고,
마스크에 가려 입도 코도 안 보여도
밀짚모자에 꽂힌 온고을 붉은 꽃심 하나로
흔들리는 사바세계, 혼불 밝히고 있다.
태조 이성계 어진 어찌 안 만나랴.
경기전의 여러 문들 거치고 들어서니
온 세상 무너져도 지워지지 않을 듯
왕의 두 눈은 여전히 또랑또랑하구나.
우리나라 최초의 천주교 순교 터, 전동성당은
지금 한창 수리 중이다.
성모마리아상 옆 감나무 하나 서 있다.

푸른 하늘에 실핏줄 환히 그려 놓았다.
저 검은 가슴에 하느님이 계시구나.
한겨울 긴긴 밤 뜨겁게 버티면서
예수의 부활을 활짝 보여주고 있구나.
'코로나19'가 바로 하느님 말씀이었구나.

타프롬 사원[*]

돌과 돌 사이, 육중한 조각돌
틈새, 천상의 새가 날아와 놀다가
똥으로 싸질러놓고 간 실크코튼
나무 씨알 몇 개가
돌도 담장도 예술도 권력도 문명도
역사도 종교도 모두 끌어안고
삼키고 녹여버리고
신의 말씀 소리 없이 들려오는 곳
자야바르만 7세가
자나깨나 어머니를 경배하며
극락왕생을 위해 만든 사원이라는데
그 어머니 혼령,
새가 되어
여기 잠깐 머물다 떠나셨구나.
무엇을 더 보고 싶은가.
자연은 똥도 어머니가 되는구나.
똥도 나무가 되는구나.
실크코튼 꼭대기에 흰 구름 흘러가네.

[*] 타프롬 사원 : 캄보디아 앙코르에 유적으로 남아 있는 12세기 장례사원

몸속 어디 떠돌던 극락조,
한 줄기 휘파람으로 다가오는가.

수상가옥

전쟁으로 고향을 잃고
새로 고향을 얻은 곳
부초가 되어
24시 떠다니는 사람들,
알고 보면 우리는 본시
떠다니는 존재가 아니던가.
캄보디아 톤레샵 호수
반짝이는 저녁노을 속으로
배들이 오고 간다.
누가 이들을 더 이상
난민이라 하겠는가.
바다같이 넓은 황톳물 호수에
붉은 해 지고 있다.
우리 낯선 이들을 바라보는
집집마다 얼굴마다에
노을빛이 잔잔하다.
흔들리는 물결 위에
여기, 흔들리는 물결 위에
보금자리 친 베트남
이방인들-

하롱베이

신들의 휴양지에 유람선이 들어오면
신들은 자비로이 물러난다네.

여기에는 사방팔방 거울이 있다네.
거울 속을 살짝 들여다보고는
누구든 깜짝, 입을 다물지 못한다네.

호수 같은 바다에 석양이 오면
하늘의 용들은 붉은 비늘 반짝이며
꿈틀꿈틀 스르르 들어온다네.

사람들 떠나간 무량청정의 자리에
달은 하얀 입김을 뿜어내고
신들은 도포자락 흔들며 내려온다네.

각 대륙 인간희비 주고받고 나누다가
물안개 흩어지는 아침이 되면
텅 빈 그 자리, 인간에게 비껴준다네.

캄보디아, 어떤 우물

눈 눈 눈 눈 눈 눈
  코   코   코
눈 눈 눈 눈 눈 눈
  코   코   코
눈 눈 눈 눈 눈 눈
  코   코   코

우물속에갇혀있더니어느날우
물속에바람이들어왔네우물속
에갇혀있더니그우물속에햇볕
이들어오고해골이반짝이네유
리상자속사라지지않는이슬방
울되었네메콩강물속에흐르고
싶어밤하늘미리내흐르고싶어

별천지

가도가도 구름밭이다.
뭉게뭉게 황홀한 꽃밭이다.
아~ 내 고향,
나는 새가 되어 천상을 날고 있다.

구름 사이로 길이 보인다.
빼곡한 개미집들,
씨엠립으로 내려가는 길 여기저기
논들이 붉은 물에 잠겨 있다.

구름이 씽씽 달리고
앙코르와트를 향해 내려간다.
안갯속에 사라진 천년 왕국이
다시 눈을 뜨는구나.

여기가 발을 내딛을 수 있는
별천지 또 다른 고향,
굉음을 내며 바퀴는
내 업의 활주로를 달리고 있다.

제 2 부

거울

샘물처럼 맑은
당
신
앞
에
서
오
늘
도
나
는
설
레
며
다시 태어납니다.

엽서

오늘이 바로
비 온 뒤 아침안개 자욱한
그 날입니다.

숲속엔
그리움으로 쭉쭉 뻗은
상수리나무들이
그림처럼 고요하고

때죽나무는
하얀 초롱꽃들
주렁주렁 매달고
당신을 기다리고 있지요.

뿌연 안갯속에
숲길 하나
열리고 있습니다.

장다리꽃

한겨울 배추 한 포기
끼니마다 뜯기더니
섣달보름 한 잎 한 잎
설 아침에도 한 잎 두 잎
우수 앞두고

  차
 마뜩
지못할
싹노랑
조막손

종재기로 옮겨 열흘
또 열흘 손을 모으더니
쑤욱-
어쩌지 못해 솟아났어라.
'금-쪽-햇-살'

봄비 내리는 날

시골집을 향하여 달린다.
승용차 조수석 종이상자엔
귀한 손님들이 오밀조밀하다.
애호박 셋
가시오이 넷
오이고추 넷
청양고추 넷
가지 넷
청상추 여섯
적상추 여섯
스마트폰에서는 멘델스존의
바이올린 협주곡이 흘러나온다.
서른하나의 푸른 생명이
일백 광년,
은하의 끝자락에서 달려온
천상의 울림에 젖어든다.
아득한 만남,
지구의 어린 싹들 앞에
쏟아내는
기쁨의 눈물—

풍경風磬

밤하늘에 별들 가득하네.
별들 가없이 떨어지네.

별이 진다는 건
누군가의 가슴에 질끈—
꽃망울 솟으리라는 기약이리라.

허공으로 돌아간
처마끝 물고기 한 마리

무량한 바람을 타고
작은 몸 씻어내겠네.

또랑또랑 눈을 뜨고
반짝이는 은물결 건너가겠네.

만덕산 후박나무

별들이 시나브로 사라지고 있었네.
후박나무 향기가 안개처럼 흘러 다니고
산행을 따라 향기가 희미해지고
향기가 끊어지는 곳 하늘이 내려왔네.

당신의 미소 피어나고 있었네.
까마귀 두 마리 억겁의 소리를 들려주고
내려오는 길 내 곁에 당신이 있었네.
향기가 다시 흘러오기 시작했네.

후박나무만 후박나무 아니라네.
돌멩이에도, 흐르는 물에도, 나무들 가지에도
안개는 흩어지고 향기가 피어나고 있었네.
내 마음 꿈결처럼 깨어나고 있었네.

고향

제대하고 돌아오며 부르려고
입대 전 '역마차' 곡에
가사도 붙이고
단양팔경 돌면서 흥얼거렸는데
평생을 흘려보내고
이제야 솟아나오네.

"나 이제야 집으로 가요.
들을 지나 풀피리 불며
나 어릴 때 뛰놀던 그곳
부모형제 그리워지네.
지는 해 찾아 잠이 들면서
떠나온 지도 어느덧 몇 해
강을 건너 산을 넘고
새들 따라 노래하였지."

숨 한번 크게 들이켜니
달빛 절로 흘러오고
때늦은 바람결에도
설레는 마음 어쩔 수 없네.

희로애락 이슬 적시며
저 푸른 들판 쏘다니리.

겨울 숲속

하얀 덜꿩나무꽃이 눈부시고
애기나리꽃이 무더기로 피어 있는
숲속
텔레만의 '트라베소와
리코더를 위한 협주곡'이 흘러나온다.
나무구멍에서 나오는 소리
화음의 절정을 이루면서
문득, 헤아려지는 건
지난겨울 이 숲속에서는
무슨 일들이 일어났을까.
말로 표현되지 않을 아픔은 이렇게
소리로 달래질 수 있겠구나.
비 개인 날 오후,
새소리도 들려오고
덜꿩나무꽃 여기저기 피어 있는데
쌀밥이 그릇그릇 놓여 있는데
나무들 사이로 진혼곡이 흐르는
여기, 그 겨울 숲속

석류

강을 건너고 산을 넘고
쏟아져 내리는 별들을 바라보며
얼마나 환호했던가.

당신이 그리워 달려오면서
하늘가 무지개를 바라보면서
얼마나 기뻐했던가.

허나, 평생을 걸려도
당신은 가물가물 다가오지 않았네.
나는 일어설 수 없었네.
그리움도 사랑도 다 지우고 나서야
알게 되었네.

내 가슴속에 시나브로
붉은 석류알이 익어가고 있었네.
당신을 내려놓으니
당신은 바람처럼 다가왔네.

모두 그리움이었네.

눈물 내 사랑,
사라지는 것들이 꽃이었네.

피아노
—어제와 오늘 사이 : 설화說話[*]

아무리 무간지옥이라도
네 한눈 돌리면

억겁의 일들 흐물흐물
녹아버리지.

가도가도 끝이 없는
모래사막 한가운데

춘하추동 그 푸른 말씀
울려나오네.

천상의 그 소리
듣고 있는가.

바위 속에서 흘러나오는
그대 숨소리……

---

* 부제 '어제와 오늘 사이: 설화(說話)'는 박종수(1946년 전북 고창 출생) 화가의 그림 제목이며, 이 시는 박종수 화가의 그림을 형상화한 작품임.

어성초 비린내

장마철 보름 동안 못 왔더니
어성초밭이 온통 풀들로 가득 차 있다.
웬 민들레가 이리도 싱싱하게 뻗쳐 있는가.
망초, 쇠비름, 괭이밥, 바랭이,
소리쟁이, 강아지풀, 환삼덩굴까지
아~ 이 땅은 잠시만 때를 놓쳐도
그 틈새 비집고 온갖 생명 넘쳐나는데
뽑아내도 뽑아내도 사라질 줄 모르는데
2019년 7월 20일, 오늘이 바로
인간이 달을 밟은 50주년 날이라네.
달말고 금성, 화성, 목성 등등 어디에서도
생명의 흔적조차 못 찾고 있는데
저 별들 어디에서 천국을 찾았는가.
서녘하늘 어디에 극락세상 있다던가.
하루 종일 호미 하나 들고 풀들과 씨름하는
내 발밑이 바로 극락세상이 아니냐.
비 온 뒤라 어성초 비린내 더 향기롭구나.
미륵정토가 발밑에서 진동한다.
미리내 환히 보이는 여기 하늘나라여.

복수초

매화 꽃망울이 부풀어 오릅니다.
어떤 가지엔 아예 "여기요!" 하며
활짝 피어난 것도 보이고요.

이때쯤이면 난 복수초를 찾아갑니다.
아직 이른가?
그래도 찬찬히 살펴보면 꽃망울들 여기저기
막 고개를 내밀고 있지요.

세상의 비밀 가장 먼저 알기나 한 듯이
한 송이 꽃 노랗게 웃고 있었지요.
복수초 앞에는 조잘조잘
조그만 물줄기가 흐르고 있었습니다.

물소리가 그리웠던 게지요.
계곡물 소리에 나도 몰래 자기도 몰래
꽃망울 피워 올린 것이지요.
떠나올 때 한 말씀 들려왔습니다.

"내년 이월 다시 만나요.

꽃보다 부드러운 싹 곧 솟아오르고
덤불 속 이파리도 마냥 사라지지요."

긴코원숭이

맛있는 이파리들이 풍부한 강 저쪽으로
모두 건너가는 날이다.
보르네오 긴코원숭이 무리들
높은 나무꼭대기에 매달려 아찔한 강물을
내려다본다.
강물 속에 악어가 있을까 유심히 살핀다.
얼마나 지났을까.
호흡조절이 끝난 제1번 긴코원숭이
수십 미터 높이를 팔다리를 펴고
강물을 향해 뛰어내린다.
제2번, 제3번 그렇게 수없이 몸을 던져
배고픈 꽃잎이 되었다.
이제, 새끼를 보듬고 그 광경을 내내
지켜보던 엄마원숭이 차례다.
아가야,
저 허공에서 실려오는 향기를
너는 느끼느냐.
두려움에 떨면 어떤 꽃도 피울 수 없단다.

엄마 가슴팍에

바짝 달라붙는다.
- 꽃잎 하나

봉서사鳳棲寺

긴 들판이 끝나는 서방산,
봉鳳의 가슴께를 구불구불 올라가니
겨울숲에 하얀 연기 피어오르고 있었네.
진묵대사가 참선하고 계셨네.
재배하고 일어서니
하~ 봄바람처럼 말씀이 들려왔지.

"내, 숱한 이적을 뿌린 것은
어둔 자들 놀래키려는 것이었지.
아웅다웅 먹는 데만 빠지지 말라고……
이젠 여기 앉아
저 앞에 펼쳐질 서방정토 바라본다네.
저녁마다 붉은 들녘 바라본다네.
하늘을 이불 삼고, 바다를
통술로 마시던 심정 그대 알겠는가.
저 구름 병풍으로 둘러치고
춘하추동 긴 맥박 흘러갈 줄만 알아도
네 집이 바로
봉이 사는 집 아니겠는가."

고산천 휘어지는 곳,
용이 물을 마시고 가는 용진에서 바라보면
어여쁜 봉들 활짝 다가온다네.

설날 오후

어제가 입춘이었고
오늘은 설날, 따스한 햇살을 받으며
아버지 어머니 묘 앞에 앉아 있습니다.
암마이산과 수마이산이 바라보이는
야트막한 산 넓은 잔디밭에
당신들께서는 나란히 손잡고 있습니다.
살아계실 때는, 아버지는 항상 앞에 서시고
어머니는 뒤따라가고 거리를 두시더니
이제 다 내려놓고 꼭 붙어 계십니다.
태어난 지 일억 년이 넘었다는 저 마이산도
한하늘 아득히 바라보고 있으면
그래, 모두 한순간 일이지 하고 여겨지지요.
살아서 길고긴 날, 부모 속
까맣게 타들어가게 한 게 어제 일 같고
평생 두고두고 내 속을 떠나지 않더니
당신의 까만 잿더미 위에
오늘은 봄의 씨알 하나 날아와
꿈결처럼 빛나는 햇살 받아내고 있습니다.
다 떨치고 난 자리에 당신은 고요합니다.
봄꽃은 늘 그렇게 피어나는 거겠지요.

은비녀

매일 아침이면 햇살 받으며
긴 머리 풀어내려 참빗으로 다듬고
비녀를 꽂으시던 할머니,
빠진 머리칼도 고이 모았다가
동백기름하고 바꾸셨지.
천도교 전주교구장을 지내고
그쪽 일만 보는 할아버지가 야속해
아버진 그 많은 상장 등을 태웠다 했지.
그래서 애타게 일만 하셨나.
긴 세월 건너시며
할머닌 나에게 사탕을 잘 주셨지.
땅속에서 종중 봉안당으로 거처 옮기시며
40년 만에 은비녀로 돌아왔어도
아무 말씀 없으시더니
오늘 극락암 올라가는 벼랑길에서
무더기로 옥잠화玉簪花를 만났네.
하얀 박하사탕……
동백기름 바르고 은비녀 꽂고
햇살도 참 정갈하게 흘러내렸네.

누워있는 화가
— 김충순 화가*의 소식을 듣고

벗이여……
몸은 누워 있어도
네 영혼은 꽃이 되어
나비가 되어 훨훨 날고 있구나.
아직 움직일 수 있는 두 개의 손가락에서
산 자의 축복을 실감하고 있다니
그대는 세상에서 얻을 것 다 얻었구나.
네 그림 속 부드러운 손가락에는
평생의 그리움이 온통 담겨 있구나.
네 영혼은 바로 여기서 부활하고 있다.
그대 그림들은 너를 자랑스럽게 여길 것이다.
너는 넘어진 게 아니라
넘어진 그 자리에서
꽃과 나비 떼들이 그대 삶을 진정 축복하는 것이다.
지나온 먼 길이 그대를 빛나게 하는 것이다.
너는 내일도 붓을 들 것이다.
붓은 손으로 드는 게 아니라

---

* 김충순(1956~2019) : 전북 전주 출생의 화가

빛나는 영혼으로 드는 것이지.
그렇게 너는 일어선다.
너를 떠난 그림들이 오늘도 일제히
너를 위해 기도하고 있으리라.
눈부신 두 손가락이여.

선재僊齋 시인*

5월 숲속에 들어서면
슈베르트 '미완성교향곡'이 들려오지.
꿈결처럼 흐르다가 군데군데
쫘앙- 쫘앙- 울려올 때
선재 강상기 시인이 떠오른 건
그의 시 「화전민」이 떠올랐기 때문이지.
이 세상 불을 지르고
모조리 타버리고 남은 잿바닥을 갈아
새 씨앗을 뿌리러 왔다 했지.
요양차 전주에 내려온 시인께서
"올 한해 넘기기 어렵겠어."
스스로 하시다니 웬 말씀이요?
초봄 햇살 받으며 아중호수,
기린봉, 승암산, 남고산성, 완산칠봉 오가며
'일체유심조'라 해놓고 잊으셨나.
숲속에 들어서면
한 포기 풀도 마냥 신비롭지.
미완성이라 더 장엄한 곡 흘러나온다.

* 선재(僊齋) : 강상기 시인(1946년 전북 임실 출생)의 호, "춤추는 집"

국수나무꽃, 때죽나무꽃, 노린재나무꽃,
지칭개꽃, 땅비싸리꽃, 큰꽃으아리
스스로 무너지는 건 하나도 없지.
온 누리가 춤추는 집이어늘
선재… 선재…

'달이'와 '송이'

안락사를 앞둔 흰둥이 개 두 마리
하루 종일 철망 바깥만 바라봅니다.
낯선 사람이 다가가도
꼬리를 힘차게 흔들어댑니다.

한 청년이 우연히 그걸 보고는
먹을 것도 넣어주고 똥도 치워주면서
아~ 안락사 유예선고가 떨어졌습니다.
한 열흘 애를 태우다
기적처럼 희소식이 날아왔습니다.

진안군 성수면 좌포리 산속에
컨테이너 두 개를 이어놓고
숲속 작은도서관을 만들고 있는 집안어른이
새 식구를 기다리고 있었습니다.

수컷은 표정이 밝아서 '달이'
암컷은 행동거지가 순해서 '송이'
청년은 처음 뵌 종중 어른께
두 아이 이름을 알려주었습니다.

헤어지면서 달이와 송이는
두 사람 얼굴을 핥고 있었습니다.
고요한 숲이 움찔 고요해졌습니다.

비빔밥을 먹으리라

허~ 이런, 허리수술을 섣달그믐에 치르고
한밤을 끙끙 통증이 가시길 기다리다가,
새해 첫 새벽을 그저 보낼 수 있으랴.
베토벤 교향곡 9번 '합창'을 듣다보니
천지만물의 씨알이 되는 하나는
텅 빔에서 비롯되었다는 천부경이 떠오른다.
일석삼극─析三極 그렇지
본래 하늘, 땅, 사람은 하나가 아니던가.
"사람이 하늘이다" 동학농민혁명도 따라온다.
온고을 비빔밥도 절로 나온다.
흰밥에 콩나물, 미나리, 황포묵이며 그저
있는 대로 가지런 모으고
고루고루 햇살을 뿌리듯 고추장을 섞는다.
집으로 곧 돌아가거들랑
천부경을 식탁 위에 반듯이 펼쳐놓고
비빔밥도 오색으로 조촐히 차려놓고
아~ 바이칼 호수랑, 잉카 제국이랑 떠올리며
한 술 한 술 비비며 먹으리라.
인류의 합창, 한밝 한밝 틀어놓고
나, 천지인 한 씨알인 것을 새로 새기리라.
설날아침, 함박눈 고즈넉이 내리고 있다.

제 3부

예술가

철창에 갇혀 찡그린 채
공포에 떠는 개를 보았다.

어느 외국으로 입양된 후
넓은 마당과 들판에서 뛰놀다
주인과 함께 소파에 느긋이 앉아 있는
그 개의 표정을 보았다.

평화는 어떻게 오는가.
천국은 어디에서 오는가.

개성공단 파탄 나고
이산가족은 떠올릴 틈도 없고

마술말고 예술이 그립다.
우리 앞에는 그런 예술가가 없는가.

개마고원

초등학교 때부터 알게 된
그 고원에 나는 문득 가고 싶어.
언젠가 지리산 뱀사골산장에서 보았던
그 쏟아지는 별들이 내 혈관을 돌게 되면서
난 그 별빛 감동을 개마고원에서
다시 느끼고 싶은 거지.
그렇게 한 달쯤, 아니
단 일주일만이라도 머무를 수 있다면
난 너울너울 그냥 좋겠네.
거슬러 거슬러 고구려와 백제가 하나가 되고
고구려와 신라가 하나가 된다면
더 이상 바랄 게 무엇이리.
내 생전 개마고원에 머물게 되면
어느 한쪽에 둘레둘레 감자를 심고 싶어.
하얀 감자꽃 피우고 싶어.
압록강 물소리도 끝없이 들려오는 곳,
쏟아지는 별들 속에 꿈처럼 서 있고 싶어.

임진각 산뽕나무*

강물도 여릿여릿 흘러가는
여기 이승에서는
쏟아지던 총알도, 파편도
증기기관차도 모두
흙먼지로 돌아가는가.

성자를 닮은 새,
기관차 화통 위에 날아와
달빛씨알 하나 묻어놓고
떠나갔는가.

바람 불고
눈 내리고
얼음장 아래 깨어나는 속삭임으로
긴 강물 다시 흐르고

아름드리 산뽕나무 서 있을

* 이 작품은 강상기 시인의 시 「산뽕나무」를 읽고 임진각의 그 '산뽕나무'를 찾아
  간 감회로 나오게 된 시임.

여기 평화공원에
우리들
신혼 같은 달밤은 찾아오리라.

신인류

밝아오는 새벽인데
올라가는 산길 옆 길고 긴 경계석에서
꼼짝 못하고 있는 두더지 한 마리
밤새 땅속이 얼마나 그리웠을까.
풀밭에 올려놓으니
흔적도 없이 사르르 사라졌지.

걸으면서도, 차 타고 가면서도
식구들끼리 외식 나와 식탁에 앉아서도
틈만 나면 이 족속들은
자기만의 맨홀 속으로 파고든다.
다람쥐가 도토리를 숨기는 중인가.

손가락 몇 번 두드리면
금강산 선녀도 화르르 나타나지.
밝은 대낮, 일제히 땅굴을 파고 있는
신기한 두더지족
하나같이 손가락 두드린다.

"너, 지금 뭐 하고 있니?"

코로나19 봄풍경

샤먼의 머리에 꽂혀 있는
사슴뿔과 나뭇가지 형상을 타고
하늘의 계시가 내려오면
인간은 무릎을 꿇고
새 힘을 얻으며 살아왔지.

코로나바이러스도 황금왕관을
수신안테나로 둘러쓰고
외계인처럼 사르르 다가왔지.

새 시대를 알리는 신의 메시지—
꽃들로 축포가 터지는 봄날
루브르박물관도, 뉴욕 길거리도
서울 광화문광장도 텅 비어서

지구가 얼마나 외딴 마을인지
우리가 어떤 길로 가야 하는지
바야흐로 깨닫게 되는 걸까.

가시면류관을 쓴 포노사피엔스

온통 가택연금 중이네.
마스크 헤아리며 창밖을 바라보네.

꽃밭에서
―코로나19 신인류

노랑, 자주, 분홍
색색의 백일홍 위에

표범나비 한 마리
이리저리 바쁘구나.

꽃가루 묻히며
꿀을 빨고 있는

나풀나풀 평화로운
하느님의 손

코로나19 삼년째
변이는 변이를 낳고

마스크에 갇힌 채
신인류 탄생했네.

꽃거울 앞에 휘청거리는

나, 고등침팬지여.

출근하는 고라니

산기슭 아파트 옆 내리막길을
어린 고라니 한 마리 뛰고 있다.
때마침 신호등에 차들은 멈춰 있고
고라니는 횡단보도를 통과했다.
소양천 가는 길을 알고 있구나.

껑충껑충 뛰는 모습이 외롭다.
너무 외로워 느린 화면으로 보이더니
내 눈 속에 아예 멈춰 버렸다.
요트로 태평양을 건넌 16세 환경운동가
그레타 툰베리의 말이 떠오른다.

"트럼프 대통령을 만나면
아무 말도 안 했을 거예요.
시간낭비니까요."

고라니는 사라지고 차들이 움직인다.
강가를 맘 놓고 뛸 수 있을까.
보이는 게 모두 아슬아슬하다.
산속으로 무사히 돌아올 수 있을까.

저것들 좀 보아

정양 시인이 문학특강을 했는데
17세 때 일이라며
야석 박희선 시인 이야기를 들려주었지요.
"혜산은 본래 둔재고, 지훈은 턱없이 오만하고,
목월은 속되고, 석정은 야코가 꽉 죽었고,
미당은 쓸개 빠진 무당 아니냐.
이제는 우리가 시를 써야 한다."
그렇게 기염을 토했다고 합니다.
선생을 모시고 다닌 둘째 날
조두현, 홍석영 선생이 있는 한 다방에서
야석 시인이 갑자기 밝은 창밖을 가리키며
"저것들 좀 보아, 저것들" 하며
이십 분 정도를 통곡에 가깝게 울어대어
다방 레지들까지 모두 놀랐다지요.
창밖말고도 다방 안의 모두가
'저것들'에 들어간다는 걸
문학청년 정양 시인도 그때 알았답니다.
시를 쓰는 젊은이가 얼마나 예뻤던지
흐느끼며 당신 속을 맘껏 보여줬나 봅니다.
"이 대명천지가 얼마나 슬픈지 아느냐."

야석 시인은 지금도 가끔씩 울고 있답니다.

축제
—제물들을 위한 기도

신라 천년 서라벌 무궁 지켜주시라.
살아서 제물로 바쳐진 여성이
경주 월성 성벽 속에서 또 발견됐다네.
에밀레~

곡옥 모양 유리구슬,
목걸이며 팔찌로 귀하게 꾸미고
하느님께 나아가 무어라 기도했을까.
오이시디 산업재해 사망률 1위 에밀레야~

떨어지고 부딪히고 끼어죽고 숨막히고
시나브로 병까지 들어 시들시들
천오백 년 지나서도 해마다
이천여 생뼈가 이어이어 녹아드는 건
궁~ 궁~ 궁~

휴전선을 지우고 남북통일 가져오려는
월식축제이런가.
천년만년 민주주의 꽃 피우려는

기적의 일식축제런가.
궁~ 궁~ 궁~

한쪽 썩어나면 온몸 어디 안 아프랴.
실금 하나 못 본 체해서 긴 둑방 편안할까.
미리내는 저리도 맑게 흐르는데
에밀레~ 에밀레야~

금강부부

나, 길을 잃고 어찌할 바 모를 땐
구룡폭포에 올라 상팔담을 내려다보겠네.
선녀와 나무꾼 이야기도 떠오르겠네.

꼬이고 얽어져 오리무중이라면
안갯속에 풀어지는 만물상을 찾아가려네.

그래도 일이 안 잡히고 답답할 때는
하루 나절 온천탕에나 들어가 있으리.

그렇게 허깨비들 다 사라지고 나면
선녀와 나무꾼 얘기는 다른 게 아니지.
긴 세월 가슴 졸이며 살아왔어도
둘이는 본시 한 부부란 걸 알게 되리니

봉래산 맑은 물에 잠시 머물다 보면
온 천하가 한집인 걸 알게 되리니

어쩌나, 저출산율 1위

컴퓨터, 스마트폰, 자동차 등등
요시 필수품만 혀도 한두 가지냐고.
거기에 자기 짝까지 품고 살라고?
땅투기, 아파트투기 다 내던져놓고
비정규직만 까득 맹글어놓고는
요술 부리며 살아보라고?
닭이며 도야지며 물고기 간에
항생제에 성장촉진제 범벅이고
유전자변형콩 두부도 그저 먹어야고
인스턴트 먹거리뿐이 아녀.
벗어날 길 없는 환경호르몬 속에
이쁜 2세가 어찌 생기나?
지금은 농경시대가 아니여.
출산이고 육아고 뿌리부터 돌아봐야 혀.
빈익빈 부익부가 젤 문제 아닝가.
못된 놈들이 뻔뻔 정상인 체허는
자본-권력 카르텔을 끊어내야 혀.
얼른 6.25전쟁부터 끝내고
사람을 사람으로 좀 보시라고.
백성이 하늘이라 말로만 허지 말고.

장군의 눈빛

시천주(侍天主)*······ 들것에 실려 있는
녹두장군의 눈빛에서 한울을 보았습니다.
황톳재 여린 풀들에 내려앉은
무량한 꿈, 감격의 햇살을 보았습니다.
그 푸른 한울에는 파랑새가 날고 있었지요.
낭떠러지를 뛰어내려 훨훨 나래를 편
당신의 눈빛 속에서
18세 동학접주 백범 김구가 떨쳐 나왔습니다.
매천 황현의 절규와 유관순의 더운 눈물과
봉오동전투, 청산리대첩도 흘러나왔습니다.
사인여천(事人如天)**······
화염에 휩싸인 전태일의 외침도 들려오고
일천만 촛불이 파도로 밀려옵니다.
광화문광장, 을미 적 갇혀 있던 전옥서 터에
당신은 육갑을 두 번 돌아 올라왔지요.
보국안민 척양척왜, 저 보신각종을 울려라.

---

* 시천주(侍天主) : 모든 사람이 자기 안에 한울님을 모시고 있다는 동학의 핵심 교리.
** 사인여천(事人如天) : 한울님을 공경하듯이 사람도 그와 똑같이 공경하고 존경해야 한다는 동학의 교리.

횃불은 아직도 타오르고 있나니
짚신에 죽창을 들었던 농민군 후예들이여,
먼저 그대들 마음속 철조망부터 걷어내라.
백두에서 한라까지 궁~궁~궁~ 다시 울려라.
사람이 하늘이라, 사람이 곧 하늘이라
남과 북 하나 되어 사람을 널리 이롭게 하고
산과 강, 바다까지 널리 멀리 상생하라.

노근리* 들꽃

가냘프지만 봄부터 싹을 틔워오다.
금속성 소리가 점점 다가온다.
아침이슬에 젖어 있더니 풀들 말끔하다.

요란해지며 바람에 살짝 흔들린다.
가녀린 풀잎 위로 하늘이 내려오고
소리가 바짝 다가와도 떨림이 없다.

표정도 없이 꽃잎들, 고요하다.
마침내 기계음을 뒤집어쓰다.
꽃들 가루가 되어 여기저기 흩날린다.

예초기 칼날 도는 소리만 가득하다.
이런 흔한 일, 기억할 일도 없으리라.
해는 중천에 있고 텅 빈 들녘이다.

---

* 노근리 양민학살 : 1950년 7월 충북 영동군 황간면 노근리 철교 밑에서 피신 중이던 한국인 양민 300여 명을 미군이 무차별 사살한 사건

의병 이칠봉
―아버지께 올리는 말씀

아버지, 저는 사금을 채취하여
효자가 되고 싶었습니다.
왜놈들이 우리 조선의 외교주권을
강탈했다는 소식을 듣고
아버지는 잠도 못 이루고 고심하다가
의병에 가입하셨지요.
그때 저의 꿈도 사라졌습니다.

전북지역을 무대로 훨훨
무장투쟁을 하시던 아버지……
1907년 초여름,
저도 의병이 되고선 처음으로 행복했습니다.
의로움은 저를 위로해 주었습니다.

1908년 1월 어느 날, 80여 의병과 함께
김제를 공격하고 물러서던 중
당신께서는 일본군 기병과 한바탕 교전을 벌이셨고
아뿔사, 그들 총에 쓰러지셨지요.
제 슬픔은 분노로 바뀌었고

당신은 내 마음속 황금동상이 되었습니다.

같은 해 1월 29일,
추위 속 내내 아버지를 떠올리며
원평땅, 10여 명 동지들과 잠복하고 있다가
일본군의 습격을 받고 잡혀 버렸습니다.

동지들 셋이서 탈출을 시도했으나
물거품이 되었습니다.
곧바로 총살당하는 순간,
저는 아버지 당신의 말씀을 떠올렸지요.
"스스로 일어나 스스로 태웠으니
오래 남아 무엇을 바라겠느냐."

낮달맞이꽃
―응우옌티탄

눈에 잘 띄지 않아도
손가락 가리킬 일 없어도
낮달은 우리들 머리 위를 떠다니지.
1968년 2월 12일 오후
베트남 퐁니·퐁녓 마을을
한국군 일개 중대가 지나간 후
민간인 일흔네 명이 지워졌지.
열아홉 살 응우옌티탄은
가슴을 난도당해 죽고
총 맞고 빠져나온
여덟 살 또 다른 응우옌티탄은
엄마, 언니, 남동생까지 잃고
도무지 죽을 수 없어 환갑 나이에
2020년 대한민국 법정에 호소했지.
흐린 날이 아무리 길어도
들불처럼 되살아나는
그 하루 대낮 마을풍경,
화약연기는 지금도
팔십여 민간인학살지에서

무리 지어 노랗게 피어오르고 있지.
퐁니촌 야유나무는 아직도 싱싱하다.
학살을 인정하라.
피해자에게 사과하라.

미얀마 봄풍경

벚꽃이 하늘을 덮고 있는 날,
멀리 한 어머니의 떨리는 목소리 들려온다.
"내 아들아, 밥 먹고 기운 내라.
네가 다시 돌아오든 안 돌아오든
엄마는 네가 자랑스럽다."

군인들, 시위대에 마구 조준사격하고
부상자를 통나무처럼 불 속에 던져 넣고
그래서 젊은이들은 더 외쳐댄다.
'님을 위한 행진곡'이 울려 퍼진다.

아웅산 수치와 함께
조심조심, 이미 민주주의 맛을 보았는데
탱크가 온들 저항은 멈출 수 없지.
소수민족까지 하나로 일어서고
한국 스님들도 오체투지 응원하는데
오던 봄이 어찌 되돌아갈 수 있나.

또 어머니, 꼿꼿이 서서
거수경례로 아들을 전쟁터에 보내고 있다.

차마 어쩌지 못해, 딸의 머리에 손을 얹고
무사히 잘 돌아오라 빌고 있다.

죽음을 넘어 강물이 넘쳐흐르네.
거리마다 광주민주항쟁 다시 쏟아지네.

열세 살, 디미트로 쿠바타
―우크라이나 2022.7.20

아빠,
러시아군이 로켓으로 무서운 미사일로
우리 민간인 지역을 아무리 쏟아 붓는다 해도
이렇게 빨리 우리 가족을 무너뜨릴 줄은
꿈에도 몰랐어요.
정류장에서 버스를 기다린 것뿐인데
왜 제가 식구들과 헤어져야 하는지 알 수 없어요.
하지만 이제 일어나세요,
아빠는 불안한 이 살티우카 거리를 오가며
마음을 굳게 가져라 항상 말씀하셨지요.
쓰러져 있는 제 손을 몇 시간 동안 놓지 못하고
무릎을 꿇고 울면서 기도문을 읽어주실 때
저는 아빠 곁을 곧 떠나야 한다고 생각했어요.
그래야 같이 서 있다 다친 누나도 회복하고
엄마, 아빠의 얼굴에 하루라도 빨리
예전 같은 미소가 돌아오리라 여겼으니까요.
아빠, 제 손 놓으시고 이제 일어나세요.
저는 벌써 일어나서 아빠 곁에 서 있으니까요.
저도 열세 살이나 먹었는데 걱정 마세요.

어떻게 헤어져야 하는지 느낌으로 스쳐왔어요.
아빠의 잘못도 아니고 저의 잘못도 아니었어요.
여기 살티우카 거리로 다시 돌아올 거예요.
아빠, 저를 위해 일어나세요.
크세니아 누나한테 엄마한테 빨리 가보세요.

백두산 찬가

문재인 대통령과 김정은 위원장이
백두산의 최고봉 장군봉 앞에 서 있습니다.
문재인 대통령은 김정은 위원장에게 말했습니다.
"아무리 백두산 정상을 오르고 싶었어도
그동안 나는 오르지 않았습니다.
중국땅을 통해선 오르고 싶지 않았기 때문이었지요."
나는 속없이 2000년 8월 중국땅을 밟고서
백두산 천지를 보고 왔군요.
오늘 2018년 9월 20일
"백두산 천지에 붓을 적셔 한민족의 역사를 다시 써보자."
김정은 위원장의 말에 나는 깜짝 놀랐습니다.
장군멍군 주고받은 대화에 온 나라가 박수를 보냅니다.
기회가 좋아 구룡폭포에 올라 상팔담도 내려다보고
금강산호텔 별관에서 대동강맥주 다 비우고
그곳에 있던 하이트맥주까지 다 비우고 돌아왔지만
나, 다시 그리운 그 땅 밟을 수 있다면
개마고원에 무더기로 떨어지는 별똥별 만나러 가야겠네.
이산가족 떠올리며 오체투지 휴전선도 넘어야겠네.
바로 어제 평양시민 15만 명이
문재인 대통령 연설 때 기립박수를 수없이 했네.

누가 이 도도한 통일의 강물을 막으랴.
이게 생시인가.
김구도, 김일성도, 안중근도, 전태일도 모두 잠을 깨고
벌떡 벌떡 일어설 거 같아.
나도 오늘밤 꿈속 너울너울 춤을 출 거 같아.

골령골학살 73주년

굴비처럼 어깨와 팔 줄줄이 엮이고
두 발목을 잡힌 채 엎어져서
고개를 돌려 바라보는 최후의 눈빛
- 이게 나라냐, 생지옥이냐.

6월 27일 대통령 이승만, 대전에 피란 오다.
28일부터 나무기둥에 묶여 총살당하고
오육십 명씩 장작더미에 던져지고
그렇게 천사백 명이 지워졌다.
7월 1일 이승만, 비밀리에 대전을 떠난 뒤
대전형무소에 좌익극렬분자 처단하라는
공문이 내려오고
구덩이를 바라보는 얼굴 뒤통수에
또 총알을 날려 이천 명, 파편으로 튀다.
영국 일간지 〈데일리 워커〉 앨런 위닝턴 기자는
7월 16일 백 명씩 실은 트럭 37대가 이동되어
모두 삼천칠백 명이 사살되고
미군장교가 지켜보는 가운데 일어났다며
"나는 한국에서 진실을 보았다"고 썼다.

교화한다고 보도연맹에 가입시켜 놓고는
6.25가 터지자 정치범이라고 다 죽여?
그때 백일을 갓 넘겼던 딸 73세 임남신 씨가
사진 속 아버지를 안고 오열한다.

관동대지진 학살 100주년

1923년 9월 1일
도쿄 등 수도권이 불바다로 변해버린
규모 7.9 관동대지진 속에서
일본 위정자들, 민심을 수습하고
정권의 불안을 넘기려고 꾀를 낸 게
바로 계엄령인데
뾰족한 구실이 없어 거짓말 퍼뜨렸네.
"조선인이 폭동을 일으켰다"
"우물에 독을 탔다"
일본군과 경찰보다도 '자경단'의 광기는
길길이 인간사냥을 시작했네.
조선인을 총, 칼, 낫, 도끼, 죽창 등으로
찌르고, 내리치고, 부수고, 난자하고
증오의 불길 활활 태우며
피의 축제를 벌였네.
국제적십자에서 현장조사를 나왔어도
육천여 명 학살의 만행 숨기려고
일제는 트럭을 동원 유골을 옮겨버렸지.
더 슬픈 건 우리 정부,
학살 100년이 지나는 동안

단 한 번의 진상조사 요구도 없었던 거야.
2023년, 후쿠시마 원전오염수를
대한민국 정부가 안전하다 홍보해주고
홍범도 장군도 국방부에서 쫓겨날 판이니
허~ 길고긴
이 굴종의 어둠이여.

제 4 부

엄마 목소리
―발달장애인 교실풍경·1*

"삭발해서 세상이 바뀐다면
열 번이고 백 번이고 괜찮아요.
내 아이도 하느님이 내려주셨다는 걸
느낄 수 있게 해 주세요."

'인생나눔교실' 멘토가 되어
첫날 멘티들과 함께 이름표를 만들었다.

열 개의 꽃씨봉투 중 하나씩 고르면서
다섯 멘티들은 모두 꽃이 되었다.
좋은 날 잡아서 화단에 뿌리기로 했다.

'마음씨'를 '마음꽃'으로 가꾸자며
티벳 명상음악도 틀고
한참 길었던 60초 명상도 처음 마쳤다.

---

* 이 연작시는 필자가 '한국문화예술위원회'에서 주관한 〈인생나눔교실〉 멘토봉사단의 일원이 되어 활동하면서 지은 작품임.

봉선화, 구절초, 사루비아
나팔꽃, 매발톱꽃

"잘린 머리카락 솟아나는 만큼이라도
천천히, 멈추지 말고
우리 가족들에게도 관심을 주세요."

죽비
—발달장애인 교실풍경 · 2

이름표 뒷면에 자기 꽃그림 붙이고
멘티들은 한 걸음 더 꽃 속으로 들어갔다.
꽃그림만 보고 주인 찾아 건네주기로 했다.
부끄럼 많고 고개도 잘 못 들던 봉선화,
틀리고 나니 다시 하겠단다.
와~ 박수를 쳤다.
괴성도 한번씩 지르고
책상에 손을 내리치곤 하는 매발톱꽃은
뒤집어서 이름을 보고도 알 수가 없다.
와~ 시늉만 했어도 박수소리가 더 크다.
처음 보는 죽비가 신기해서
돌아가며 딱- 딱- 딱- 소리를 내보는데
봉선화랑 매밥톱꽃이랑 더 재밌어한다.
소리는 큰데 손바닥도 안 아프고
어깨, 팔뚝까지 두드려 봐도 전혀 안 아프고
오늘은 참 죽비가 대박이구나.
그래그래, 3분짜리 모래시계 앞에 놓고
명상음악 시작하고 끝날 때
두 멘티들이 한 방씩 크게 두드려만 주면

하늘문도 사르르 열리겠구나.

눈사람
―발달장애인 교실풍경 · 3

'꽃이름'으로 서로의 얼굴 확인도 하고
마음씨 잘 가꾸어 마음꽃 피우자며
티벳 명상음악 틀어놓고 '2분 명상'을 한다.
나팔꽃, 구절초는 잘 따라하는데
사루비아, 봉선화, 매발톱꽃은 조금 하다가
곧았던 허리가 금세 풀린다.
매발톱꽃은 눈 감은 얼굴들 가만히 둘러본다.
그래, 그게 바로 오늘 네 명상이란다.
컬러클레이― 지점토로 눈사람을 만들어보자.
할일이 있어서, 몰두할 수 있어서 좋구나.
함께 도와가며 만들면 더 재밌겠지.
빨강 티를 입은 봉선화는
빨강 눈사람에 모자까지 빨강을 씌워놓는다.
멘토가 기념사진 찍어주니
자기도 빨강 눈사람을 멘토 손에 들려주고는
양팔하트까지 알려주며 기념사진을 찍어준다.
노랑, 연두, 분홍, 빨강, 하양
색색 눈사람들 따라 우리 마음도 화려해진다.
스물둘, 스물넷, 스물아홉, 마흔여덟, 쉰다섯

오늘에사 주인공들 나이를 알게 되었다.

무지개교실
―발달장애인 교실풍경 · 4

명상시간에 "죽비 칠 사람" 하고 물으니
부끄럼 많던 봉선화가 손을 들었다.
하~ 죽비소리에 모두 눈을 감는다.

매발톱꽃은 아직 모든 게 신기하다.
갑자기 왜 눈들 감고 있을까?
둘레둘레 엿보고 있는데
인디언 플룻소리가 뚝 그친다.

"신문지 가늘게 찢어 긴 끈 만들어 봐요."
오십대 나팔꽃이 요령을 터득했다.
이십대 구절초도, 사십대 사루비아도
도움 받아 자랑스레 종이끈을 내려놓았다.
매발톱꽃은 잘게잘게 찢기만 해도 즐겁구나.

선물로 받은 풍선에 꿈을 밀어 넣는다.
함께하는 직원이 요술풍선으로
달님도, 왕관도, 싸움칼도 뚝딱 만들어 주는데
도깨비방망이가 따로 없구나.

"우리 함께 사진 찍어요."
얼굴과 얼굴 사이 활짝 무지개 뜬다.

컵 쌓기 한 날
─발달장애인 교실풍경 · 5

사루비아가 멘티들 반장이 되었다고
구절초가 알려준다.
천둥이 울려도 끄떡없을 바위표정,
어떤 일도 고분고분 잘 따라오는 사십팔 세
사루비아가 '차렷' 하고 인사한다.
오월 햇살이 교실 안에 환히 피어난다.
"잘 지냈나요. 반가워요."
"매발톱꽃이 명상시간 죽비를 쳐 주세요."
사회복지사의 도움을 받아 죽비소리가 울린다.
물소리도 새소리도 흘러나온다.
잘 들어봐요, 엄마 뱃속에서 울리던 소리……
오늘은 컵 쌓기 놀이다.
혼자서 할 때는 몰두하여 잘 하더니
주사위로 짝을 지어주니 문제가 생겼다.
딸 같은 봉선화가 나팔꽃 왕언니한테
탁자를 밀어대고 떼를 쓰다 혼나고 만다.
부딪힘 없이 깨우침이 나오겠느냐.
우리 '메아리놀이' 해요.
"야호" 소리 내니 멘티들이 "야호" 따라한다.

"사랑해" … "사랑해"
"너, 싫어" … "너, 싫어"

투호놀이 한 날
―발달장애인 교실풍경 · 6

잘생긴 사내, 새 친구가 들어왔다.
다섯 개 꽃씨봉투에서 하나 고르라 하니
보랏빛 타래붓꽃을 집어든다.
꼭 닮은 자기 얼굴이다.
인디언 플룻 명상음악을 들으며
스물두 살 타래붓꽃도 눈을 감는다.
처음 맞이한 명상시간인데
바로 표정을 내려놓고 눈을 감는다.
오~ 나직이 감탄하면서
사회복지사 직원이 사진을 찍는다.
오늘은 투호놀이다.
탁자에 신문지를 펼쳐서 둘둘 말고
함께 신문지화살을 만든다.
타래붓꽃은 졸린다며 방에 들어갔고
신문지를 마구 찢어대던 매발톱꽃도
화살 하나 집어넣어 박수를 받았다.
사루비아와 봉선화가 결선에 나갔고
8대7로 사루비아가 이겼다.
상품은 탱탱볼 하나씩,

사루비아는 가장 먼저 청색을 골랐다.
긴 가뭄 끝, 단비가 내리고 있었다.

풍선 나르기
―발달장애인 교실풍경 · 7

해맑은 타래붓꽃이 결석했다.
엄마도 꼼짝없이 옆에 붙어 있을 것이다.
국회의원들 앞, 장애우들의 엄마들이
무릎 꿇고 하소연하던 그 풍경이
눈에 선하다.
로봇과 인공지능이 사람일 대신하고 있는데
법의 틀에 사람이 맞추지 않고
장애우 한 명 한 명에 법이 맞춰 다가서는
그런 빛나는 날이 올 수 있을까.
모두 함께 활짝 웃는 날은 오고 있을까.
신문지 펼치고 각자 풍선을 나른다.
또 둘씩 신문지 맞잡고 조심조심
가벼운 '마음풍선' 흘리지 않고 돌아온다.
사회복지사랑 끝까지 잘 어울린 매발톱꽃이
와~ 가장 빠르게 돌아와 일등했어요.
나팔꽃, 사루비아, 봉선화, 구절초
모두 응원하면서 박수를 쳐주었어요.
새와 돼지, 그림도 그렸는데
나팔꽃과 구절초만 제대로 그려냈지요.

혼나서일까, 그림을 못 그려서 그랬을까.
봉선화는 고개를 숙이고 울고 말았지요.

엄마, 사랑해요
―발달장애인 교실풍경 · 8

"발달장애인 25만, 뒷짐 진 사회"
한겨레신문 기획특집이 이틀 동안 나왔다.
광주지역, 성인 최중증발달장애인 20명이
24시간 융합돌봄 서비스를
시범사업으로 받고 있다 한다.

멘토가 문을 열고 들어가자
삼 주 만에 만나서일까,
다섯 멘티들 모두 반갑다는 표시를 낸다.
매발톱꽃에게 명상용 죽비를 넘겼는데
봉선화가 끝내 뺏어온다.
"자기 손모양 따라서 금 긋고 색칠하고
그 속에 자기 얼굴 그려 보아요."
구절초는 손가락 끝마다 별을 넣었고
왼손잡이 사루비아의 스케치북에서도
두 눈이 반짝 피어났다.
나팔꽃이 읽는 짧은 동화, 굼벵이와 나무가
서로 멋지게 살아가고 있다고 우기기에
"굼벵이도 나무도 모두 행복하고

우리 멘티들도 행복하게 살아요."

한쪽이 병들면 어딘들 편안하랴.
멘티들 풍선에 오늘 이런 글 쓰여 있었지.
- 엄마, 사랑해요.

볼링놀이
―발달장애인 교실풍경 · 9

봉선화가 나를 놀라게 했다.
멘토에게 반가운 포옹으로 인사하더니
명상시간에 늘 독차지하려던 죽비를
나팔꽃 왕언니에게 양보한다.
메아리놀이를 하며 "사랑해" "사랑해"
외치던 그 울림이 통했을까.
강당에서 볼링놀이를 하는데
구절초가 결석하여 멘토는 서운했다.
"여기 핀 열 개를 세워 놓았어요.
자기 차례 때 두 번씩 던지세요."
오늘은 봉선화가 신나는 날이구나.
스트라이크를 치고 또 9점이 나왔다.
일등을 해서 상품도 맨 먼저 골랐다.
나팔꽃, 사루비아, 매발톱꽃도
자기 몫 다했으니 모두 백점이다.
며칠 전, 여야 국회의원 170여 명이
'발달장애인 참사 대책마련 촉구안'에
서명했다는 기사, 번뜩 스친다.
국회발 스트라이크 소식이었지.

"마음속에 꽃씨를 뿌리면
눈앞에 많은 꽃들이 피어나지요."
나팔꽃 언니가 또 책을 읽었습니다.

봉숭아물들이기
―발달장애인 교실풍경 · 10

"우리가 명상을 하는 건
마음씨를 마음꽃으로 피우려는 거지요.
오늘은 손톱을 봉숭아꽃으로 물들이고
꽃과 하나가 되어 봐요."
파키스탄 산 봉숭아꽃가루를 반죽하고
멘토가 따온 꽃잎도 돌아가며 콩콩 찧어보고
두 손톱 위에는 꿈들이 나란히 올라왔다.
꽃잎반죽에는 비닐을 동여맸다.
한 번도 안 해봤다는 공기놀이도 해보는데
여기 복지사님도 센터장님도 나와서
초등학교 때 솜씨라며 한참 보여 주었다.
위로 던지고 아래로 집고 정신이 없다.
나팔꽃 언니만 금세 감을 잡았다.
"비닐로 동여맨 건 잠잘 때 풀어도 돼요."
까맣게 붙은 파키스탄 산 반죽 떼어내니
오~ 붉은 진주인 양 갓 태어난 둥근 손톱들아!
손가락 사이로 떨어졌을 눈물들아!
멀리 손가락 꼽으며 한숨지었을 밤들아!
… 이제 보이려나?
… 낭떠러지 끝에 초승달 떠오를까?

미니민턴 게임
—발달장애인 교실풍경 · 11

2분 명상이 바람처럼 지나간다.
집에서도 해봤나요, 물으니 고개를 흔든다.
잠들기 전 누워서 하면 꿀잠을 잘 수 있어요.
배드민턴놀이를 하러 또 강당에 왔다.
아동용 기구라 미니민턴이구나.
두 의자에 청테이프 길게 붙이니 바로 딱이다.
내 첫 번째 짝은 최중증인 매발톱꽃이다.
수술이 달려 있어 공은 화려한데
공을 어떻게 해야 날아가는지를 모른다.
쏘아올리거나 받지는 못해도 그저 즐겁고
얼굴 가득 웃음꽃이 피어난다.
50대 나팔꽃 언니는 힘들다 앉아 있고
40대 사루비아는 힘들어도 계속 움직인다.
봉선화와 구절초는 게임 속으로 들어갔다.
와~ 솜씨가 비슷하고 세 판째… 모두 땀이 난다.
실수할세라, 멘토심판은 긴장했다.
이런 명경기 어디서 또 볼 수 있겠느냐.
11대9로 구절초가 이겼다.
꼼수 부리는 일 전혀 없고

어떤 판정도 잘 받아들인 빛나는 날이었다.
멘토 가방에 하나 남아 있던 탱탱볼과
견본용 붉은 조화, 급히 상품으로 변신했다.

'마음꽃' 그리는 날
—발달장애인 교실풍경 · 12

"오늘은 만다라 그림을 그려요."
멘토가 미리 그려간 그림을 보여 주었지요.
"만다라는 여러분들 '마음꽃'이랍니다."
모두 무지개 빛깔로 그려나가는데
봉선화는 멀찍이 앉아서 다가오지 않습니다.
센터장님은 달래지 말고 놔두라 합니다.
아~ 그렇구나.
내 어릴 때 모습도 그런 적 있었지요.
"봉선화는 지난번 배드민턴을 참 잘했어요."
나팔꽃 언니에게 계속 짜증을 부리더니
봉선화는 어느새 다가와
"언니, 미안해" 살갑게 말을 붙인다.
만다라 그림에 풀을 묻히고 스케치북에 붙이는데
매발톱꽃은 쾅- 쾅- 손바닥을 내리친다.
마구 휘갈기는 색칠도 즐겁기만 하다.
사루비아는 딴짓을 모르고 '정진'을 보여줍니다.
미소를 잃지 않는 구절초는
지난번 배운 새, 돼지 그림까지 그렸습니다.
떼쓰는 봉선화 여동생 챙기면서도

나팔꽃 언니는 두루두루 앞장서서 나아가지요.
아침 열 시부터 오후 네 시까지
여기에도 한 세상 펼쳐진답니다.
마음속 하늘에 해, 달, 별 피어나지요.

매발톱꽃
—발달장애인 교실풍경 · 13

검지와 중지로, 중지와 약지로
콩알을 옮겨 담는 놀이를 하다 알았지요.
묻지도 않았는데 구절초가
"나는 젓가락질을 못해요" 하고 말했지요.
아니, 나팔꽃 왕언니만 빼고
손가락으로, 집게로 반찬을 먹는다네요.
젓가락놀이를 준비해 온 멘토는
스스로 부끄러워졌습니다.
명상시간에 외마디소리를 낸 매발톱꽃이
엄지와 검지로 콩알을 잘 옮겨 담아
모두 박수를 보내고 있는데
와~ 매발톱꽃도 함께 박수를 쳤지요.
다음 활동으로 신문지 격파놀이를 하는데
매발톱꽃은 손가락으로 하지 않고
네 귀퉁이를 팽팽히 잡고 있는 신문지를,
거꾸로 뒤집힌 2022년 8월… 소식들을
그 억센 주먹으로 통쾌히 날려 버렸습니다.
매발톱꽃은 또 스스로 대견했는지
다른 멘티들 따라 즐겁게 박수를 쳤습니다.

마음 가라앉히려 삼십 초 명상을 하는데
나팔꽃과 사루비아 연장자 둘이서
참 고요한 표정을 보내고 있었습니다.

마술사
—발달장애인 교실풍경 · 14

꽃그림 색칠하기 하나로는 밋밋하여
요술풍선놀이를 보태기로 하였습니다.
컴퓨터에서 꽃그림도 내려받고
풍선아트 영상에서
칼, 강아지, 리본 만드는 법도 배웠습니다.
아빠가 한밤중 왜 이러시나 하다가
우리집 강아지 코코는
풍선칼을 이리저리 피하면서 신이 났지요.
꽃그림에도 미리 색깔을 입혀놨지요.
"오늘은 뭐 해요?"
명상을 마치고 봉선화가 물어왔습니다.
"지난번에는 만다라 '마음꽃'을 그렸고
오늘은 실제 꽃그림을 색칠해요."
나팔꽃 왕언니는 제 마음결인 듯 잘 그려냈고
매발톱꽃은 박박 그어 추상화를 그렸습니다.
역시 풍선놀이는 최고였지요.
멘토는 눈을 크게 뜬 성인 다섯 명 앞에서
마술사가 되었습니다.
집을 나서기 전 한 번 더 연습한 것이

얼마나 잘한 일인지 말할 필요도 없지요.
구절초, 봉선화, 매발톱꽃, 사루비아, 나팔꽃
오늘밤 꿈속에
리본을 단 강아지가 내려올지도 모르지요.

하이파이브
—발달장애인 교실풍경 · 15

오늘 처음 만난 열아홉 살 멘티가
'2분 명상'까지만 마치고 병원에 가고
다섯 명 멘티들은 탁자들을 한쪽으로 치우고
두달 만에 또 볼링놀이에 들어갔지요.
멘토는 점수집계표까지 만들어왔고
의자도 나란히 늘어놓아 응원석도 만들고
힘내어 하자며 멘토, 멘티 여섯 명은
둥글게 손을 포개고 파이팅을 외쳤습니다.
"한 회에 두 번씩 십 회까지 던져요."
노랑, 파랑, 초록, 분홍, 빨강
빛나는 순간은 언제든 '지금 여기'일 뿐이지요.
나이순으로 왕언니 나팔꽃부터 시작하고
교실은 금세 무지갯빛 우주가 되었습니다.
오늘도 최고의 순간은 매발톱꽃에서 나왔지요.
연속 9점이 나와
멘토와 매발톱꽃이 하이파이브를 했는데
와~ 네 손바닥이 찰떡처럼 맞아떨어졌지요.
매발톱꽃도 활짝 웃고 있었지요.
나팔꽃 왕언니 93점으로 일등을 한 것보다

매발톱꽃 삼등이 더 찬란했지요.
끝인사까지 마친 멘토를 잡고
봉선화는 한참 놓아주질 않았습니다.

난생처음
—발달장애인 교실풍경 · 16

봉선화가 하자는 대로
오늘은 명상을 3분 동안 했지요.
그냥 가만히 있어보는 게 다이지만
2분말고 3분은 난생처음 하는 일이지요.
시간 참 더디다는 걸 알았을 테지요.
"오늘은 함께 제기를 만들어요."
엽전을 습자지에 돌돌 몰아서 싸고
엽전구멍에 습자지 양 날개를 끼워 넣고
그 얇은 종이를 국수가닥처럼 잘게 찢었습니다.
구절초 20대 멘티에서
나팔꽃 50대 멘티까지 처음 하는 일이었지요.
봉선화와 구절초가 나와서 제기에
첫발을 맞추었고,
잘 안 돼도 구절초는 계속 도전했지요.
매발톱꽃 얼굴엔 미소가 계속 붙어 있었고,
시간이 금세 흘러간다는 사루비아의 말에
우린 모두 박수를 보냈습니다.
아~ 생각나는가요?
별 하나씩 내려오고 첫숨을 내쉴 때

하느님은 어느새 다가와
우리를 가만히 감싸 안아주었지요.

양팔하트
―발달장애인 교실풍경 · 17

"다음에 또 오세요?"
만나자마자 봉선화가 물어온다.
"오늘은 명상음악을 특별히 골라왔어요"
드보르작 유모레스크가 흘러나온다.
피아노 건반에서 물고기가 튀어나온다.
"오늘은 찰흙으로 마음꽃 만들어요"
멘티들 두 손바닥 사이에서
보름달이 만들어졌다.
둥근 종도 만들고 그 꼭대기에
진주알 같은 마음꽃을 올려놓았다.
구절초가 종을 모른다기에
에밀레~ 종소리까지 들려주었다.
각자 마음에 드는 자기 사진 고른 뒤에
조그만 액자에 담아놓았다.
모두 "재미있었어요" 한마디씩 했다.
매발톱꽃도 달빛 같은 미소를 지어 보여
다함께 박수를 보내주었다.
양팔하트도 만들고 기념사진도 찍었다.
하늘엔 흰 구름이 곱게 피어 있었다.

뒤풀이

시詩 - 내 삶의 수련 · 2

나에게도 과연
손님이 오실까요?

1. 네 본바탕으로부터 씨를 구하라

나의 4시집 『대장도 폐가』(2018)의 후기 형식으로 '시-내 삶의 수련'이란 꼭지를 마련하여 내 일련의 졸시들에 대한 간단한 안내를 붙였었는데, 그런 형식이 그리 나쁘진 않았었는지 이번 6시집 『있음과 없음 너머』에서도 그런 모양을 소박하게 이어가기로 하였다. 그런 까닭으로 일부 중복되는 내용도 있을 수 있으리라.

태어나면서 한 생명의 개체는 저마다 자기만의 세계와 우주를 만나게 된다. 누구든 자기의 생각, 감정, 오감 안에서만 살게 되고 그 너머는 추측으로 알게 되는 다른 우주일 뿐이다. 세상에 내던져진 불안한 한 존재자가 자기의 존재이유를 찾아가는 과정은 그야말로 실존의 한 현장이다. 그 발걸음은 어디에까지 미칠 수 있을까.

나는 청소년기 만 4년 동안을 기독교계통의 유사종교에 빠져 일찍이 종교적 훈련을 크게 치른 셈이었고, 그 모순을 자각한 후 해당 단체에서 벗어날 때에는 가히 절망적 상황을 맞이하였다. 그런 심리적 공황을 안정시키고 다시 일어설 수 있게 한 것은 낙서 형식의 시와 일기였다. 지금 생각해보면 다소 이른 시기에 맞이한 그 총체적 시련은 나에게 무엇과도 바꿀 수 없는 큰 자산이 되었다.

각설하고, 젊은 시절에 쓴 시 「풍뎅이」는 그때의 내 심정을 잘 대변하는 극적인 시라 할 것이다.

> 언제쯤이면 / 이 / 무거운 팔다리가 / 달아날까요. // 언제쯤이면 / 이 땅을 / 제대로 / 바라볼 수 있을까요. // 빙빙 돌아도 / 어지럽지 않아 / 기쁜 / 날개 // 나에게도 / 과연 / 손님이 오실까요. // 마당 쓸 날이 올까요.
>
> - 「풍뎅이」 전문

어린 시절, 풍뎅이를 잡아서 놀던 끔찍한 추억을 형상화한 작품이다. 풍뎅이의 네 다리 중간마디를 똑똑 잘라내고 목까지 비틀어 놓고 손가락으로 풍뎅이 둘레를 원으로 그리며 "풍뎅아 풍뎅아 손님 온다 마당 쓸어라" 하게 되면 풍뎅이는 신기하게도 날개를 펼쳐 빙빙 돌면서 힘차게 마당을 쓸었다. 내 가슴 어느 한 구석에 그 어린 시절의 체험이 남아 있다가 내 젊음을 대변하게 했을까. 다리가 모두 끊어지고 목까지 비틀려 빙빙 돌면서도 정말 기쁘게 마당을 쓸 수 있는 날이 올 수 있을까? 지독한 아이러니다. 반가운 손님, 아니 나는 내 참주인을 만날 날이 올 수 있는 것일까? 어느 날 솟아나온 이「풍뎅이」는 그렇게 내 평생의 화두로 따라나온 셈이다.

지금에 와서 보아도 시「풍뎅이」에는 주어진 현실을 뛰어넘고자 하는 강렬한 실존의식이 내재해 있음이 느껴진다. '번뇌즉보리'라는 단어가 떠오른다. 진정한 깨달음은 아픔 속에서 찾아지고, 참사랑은 이별의 고통 속에서 찾아지는 것임을 1990년 만해 한용운의 시를 공부하기 시작하면서 점점 확인할 수 있었다.[1] 큰 진전이 이루어진 셈이다. 허나 30여 년의 긴 시간이 흘러도 나는 여전히 갈증의 상태를 벗어나지 못하고 있었다. 그 긴 세월을 다음 한 편의 시로 징검돌 삼아 건너갈 수 있을까?

사방이 깜깜하다. / 나갈 문도 없다. / 벽을 향하여 자리를 잡으니 / 오욕칠정의 덩어리들 / 불이 붙기 직전이다. / 지금이라도 난 / 내 나이테의 어딘가 끼어 있을 / 별과 바람 / 새들의 울음소리를 떠올려야 해. // 먼 데서 새들이 내려오면 / 손을 흔들어 환호하고 / 새들이 날아간 뒤에도 내 맘은 / 하루 종일 설레곤 했지. / 나 오늘 활활활 오체를 태우고

---

[1] 졸고,「만해 한용운의『님의 침묵』과 '번뇌즉보리'」,『한국언어문학 63집』, 한국언어문학회, 2007.

/ 심장 하나만 남기고 싶어. / 눈이 소복이 쌓인 어두운 밤에 / 빨갛게 타오르고 싶어. / 하얀 재 눈꽃이 되어 / 허공 속을 흩날리고 싶어.

- 「숯가마 속에서」[2] 전문

그렇게 많은 날들이 지나간 것이다. 그러던 어느 날 사르르 나에게 '고향'이 찾아왔다. 작품성을 떠나 이번 6시집에 「고향」이 수록된 건 나에게 꿈결처럼 찾아온 큰 변화다. 1978년 군 입대를 앞두고 산천을 돌아다니며 불렀던 그 가물가물하던 가사가 자연스럽게 흘러나왔다. 2절은 어렴풋 사라지고 1절만 풀려나왔다. 너무 늦게 흘러나왔어도 얼마나 고마운가. 부모는 아니 계시고, 부모 속을 까맣게 태웠던 날들이 스쳐 지나간다.

제대하고 돌아오며 부르려고 / 입대 전 '역마차' 곡에 / 가사도 붙이고 / 단양팔경 돌면서 흥얼거렸는데 / 평생을 흘려보내고 / 이제야 솟아나오네. // "나 이제야 집으로 가요. / 들을 지나 풀피리 불며 / 나 어릴 때 뛰놀던 그곳 / 부모형제 그리워지네. / 지는 해 찾아 잠이 들면서 / 떠나온 지도 어느덧 몇 해 / 강을 건너 산을 넘고 / 새들 따라 노래하였지." // 숨 한번 크게 들이켜니 / 달빛 절로 흘러오고 / 때늦

---

2) 『대장도 폐가』(2018) 수록

은 바람결에도 / 설레는 마음 어쩔 수 없네. / 희로애락 이슬 적시며 / 저 푸른 들판 쏘다니리.

- 「고향」 전문

수년 전 만덕산에서 일박하며 머물다 맞이한 이른 새벽, 안갯속 후박나무 향기는 꿈결처럼 잠들어 있던 내 영혼을 자극하며 부드럽게 다가왔다. 가볍게 산을 오르고 내려오는 가운데 신은 자연을 통해 평화의 메시지를 들려주고 있었다.

별들이 시나브로 사라지고 있었네. / 후박나무 향기가 안개처럼 흘러다니고 / 산행을 따라 향기가 희미해지고 / 향기가 끊어지는 곳 하늘이 내려왔네. // 당신의 미소 피어나고 있었네. / 까마귀 두 마리 억겁의 소리를 들려주고 / 내려오는 길 내 곁에 당신이 있었네. / 향기가 다시 흘러오기 시작했네. // 후박나무만 후박나무 아니라네. / 돌멩이에도, 흐르는 물에도, 나무들 가지에도 / 안개는 흩어지고 향기가 피어나고 있었네. / 내 마음 꿈결처럼 깨어나고 있었네.

- 「만덕산 후박나무」 전문

내 인생의 그리움은 멀리에 있지 않았다. 내가 향하는 그리움은 내 안에 항상 오롯이 깃들어 있었던 것이다. 나는 내 안의 생각과 감정과 오감만을 잘 다스리면 되는 것이었다. 보조국사 지눌이 『수심결』에서 말한 "만일 앎을 구할진대 문득 얻지 못할 줄을 알 것이니, 다만 알지 못할 줄을 알면 이것이 곧 견성한 것이니라.若欲求會 便會不得 但知不會 是卽見性"라는 표현은 시사하는 바가 크다.3) 상대적 개념의 인식으로는 세계의 실상을 알 수 없다는 것이고, 모두 내려놓고 보면 비로소 근원적 실상이 다가온다는 것이다. 서양문명의 위기를 돌파하기 위하여 제시한 에드문트 후설의 '판단중지'라는 표현도 동일한 견지에서 파악된다. 사실 있는 그대로 바라본다는 것은 시간과 공간을 초월한 절대의 개념이다.

* 네 본바탕으로부터 씨를 구하라. 머릿골에 내려와 계시니라.(自性求子 降在爾腦) -「삼일신고」신훈
* '하느님'께서 명령하신 것을 '본성'(性)이라 이르고, 본성을 따르는 것을 '길'(道)이라 이르며, 길을 닦는 것을 '가르침'(教)이라 이른다.(天命之謂性 率性之謂道 修道之謂教) -「중용」
* 내가 하늘로서 내려온 것은 내 뜻을 행하려 함이 아니요, 나를 보내신 이(하나님)의 뜻을 행하려 함이니라.
 -「요한복음」

인류의 수많은 경전과 성현들의 말씀은 한결같이 진리는

---

3) 〈홍익학당〉 윤홍식 대표는 "但知不會 是卽見性" 등의 표현을 중시하여 '몰라수련법'을 보급하고 있으며, 동서양의 고전과 주요 종교사상의 근원을 회통하고 있음. 유튜브 〈홍익학당〉 참조

무소부재하며 너 자신 안에 답이 있다고 말하고 있다. 네 안에 이미 하늘이 내려와 있으니 이를 알고 실천하라는 것이다. 『대학』의 "대학의 길은 명덕明德[양심]을 밝히는 데 있고"大學之道 在明明德라는 내용이 그러하고, 천도교의 '인내천人乃天' 사상이 그러하며, 불교의 "즉심시불卽心是佛", 원불교의 "처처불상處處佛像 사사불공事事佛供"이 그러하다. 나아가 이런 뜻은 기독교 성경의 「로마서」에서도 분명히 드러나고 있다.

> "하나님의 진노가 불의로 진리를 막는 사람들의 모든 경건하지 않음과 불의에 대하여 하늘로부터 나타나나니, 이는 하나님을 알 만한 것이 저희 속에 보임이라 하나님께서 이를 저희에게 보이셨느니라. 창세로부터 그의 보이지 아니하는 것들 곧 그의 영원하신 능력과 신성이 그가 만드신 만물에 분명히 보여 알게 되나니 그러므로 저희가 핑계하지 못할지니라."
>
> - 「로마서」

위 내용인즉, 창세로부터 하나님의 보이지 않는 능력과 신성이 피조물인 만물[인간]에도 분명히 내재되어 있고, 하나님을 알 만한 능력이 인간에게 주어져 있으며, 그러기에 불의한 자들에게 하나님의 진노가 내린다 해도 핑계할 수 없도록 마련해 놓았다는 것이다. 동서양의 이러한 내용들을 포괄한 즉 신은 인간에게도 하늘의 신령한 바탕을 심어 주었다는 것으로 이해된다. 하늘이 인간에게 내려준 신령한 것은 바로 '양심良心'이라는 사실을 알 수 있게 된다.

일상생활에서 많이 사용하는 단어이지만, 사실 이 '양심'은 초월적 존재의 것으로서 가까이 갈수록 미묘하고, 인간의 머리로 헤아릴 수 없는 무량한 영역이다. 그리하여 불교에서는 이를 '법신불', 도교에서는 '도 또는 자연', 유교에서는 '무극 또는 태극', 원불교에서는 '법신불 일원상', 기독교에서는 '성령' 등의 말로 각기 부르고 있다.

2. 물질문명과 회광반조廻光返照

만유의 진리가 둘일 수 없다. 동서양의 성현들은 이미 그 사실을 알고 있었다. 인간의 기술로 통제하기 어려운 인공지능의 현상까지 나타나면서 물질문명은 바야흐로 극한의 자리에 올라와 있는 실정이다. 더 이상 물러설 수 없는 벼랑의 극점에 인류는 놓여 있는 것이다. 앞만 보고 갈 것이 아니라 존재의 근원을 되돌아보아야 할 시점에 다다른 것이다. '회광반조'[4]의 시점이다.

---

4) 회광반조(廻光返照) : 빛을 돌이켜 거꾸로 비춘다는 뜻. 언어나 문자에 의존하지 않고 자기 마음속의 영성(靈性)을 직시하는 것을 의미함.

인간은 만물을 형성하는 오행 중에서도 정화精華이며, 실로 천지의 마음인 것이다. 천지의 마음이 생겨나면 언어가 서게 되고, 언어가 서게 되면 문장이 모습을 밝게 드러낸다. 이것을 자연의 도리라 한다.

- 「문심조룡」

성인들은 이미 자신의 안에 내재한 '청정광명심'과 '자연의 운행'을 직관하여 우주의 근원적 진리가 품고 있는 본유종자本有種子를 꿰뚫고 있었다. 자연이 항상 그렇게 움직이는 것은 그렇게 움직이도록 하는 초월적 진리[神]가 있기에 가능하다는 것을 직관한 것이다. 자연 속에 음과 양, 수축과 확산이 반복하면서 춘하추동의 현상 및 음양오행의 원리가 작동하게 된다는 사실을 알게 된 것이다. 이 음양오행의 이치를 인간문명의 철학적 원리로 표현하게 되면 유교의 '인의예지신仁義禮智信', 불교의 '육바라밀'[5], 원불교의 '천지팔도天地八道'[6] 등의 개념[본유종자]으로 정리된다 하겠다.

초월적 세계의 청정광명심을 본받아 현상계에서도 오롯이 밝아지기를 바라는 인류의 오랜 소망은 동서양 모두 일치하고 있음을 알 수 있으니, 성경의 「마태복음」에 나오는 '주기

---

[5] 육바라밀 : 보시, 지계, 인욕, 정진, 선정, 지혜. '청정광명심'이 품고 있는 여섯 가지 근본원리.
[6] 천지팔도 : 무념, 무량, 수용, 해탈, 정성, 순리, 공정, 광명. 천지가 품고 있는 여덟 가지의 근본원리.

도문' "뜻이 하늘에서 이루어진 것같이 땅에서도 이루어지이다."라는 기도 내용을 통해 알 수 있다. 하늘의 근원적 진리를 현상계에서 이루고자 하는 인류의 오랜 염원은 티끌 없는 눈으로 세계를 바라보고, 그런 견지의 실천을 통해 천명을 다하고자 하는 대승의 정신으로 발현된 것이라 할 수 있으리라.

이런 대승의 정신이 곧 『반야심경』에서 말하는 '색즉시공 공즉시색'의 주장이라 할 것이다. 색色은 독자적 실체가 없어 절대의 공空으로 돌아가게 되지만, 현상계의 모든 색은 공[진리]을 모태로 하여 일어나는 것이기에 이 또한 긍정해야 한다는 것이다. 현상계를 긍정한다는 점에서 『반야심경』은 소승이 아닌 대승의 기본 경전이 되고 있는 것이다. 허나, 진정한 대승이 되기 위해서는 단서가 하나 붙는다 할 수 있으니, 우주가 품고 있는 진리적 특성을 닮아가고 실천해야 한다는 것이 그것이다.

『문심조룡』에서 "인간은 만물을 형성하는 오행 중에서도 정화精華이며, 실로 천지의 마음인 것이다."라고 한바, 인간이 진정 천지의 정화가 되기 위해서는 음양오행의 이치를 알고 상생상화를 실천해야 한다는 것이다. 즉, 유교의 '인의예지신', 불교의 '육바라밀', 원불교의 '천지팔도' 등의 실천이 그것이다. 필자는 이전에 '육바라밀'[7] '인의예지신'[8]을 통하여 시

---

7) 졸고, 「현존재의 증명과 상주일상의 메시지」(김남곤 시집 『시장에 나가보면 싼 시 짠시가 있다』), 『씨글 2호』, 씨글문학회, 2022.
8) 졸고, 「문의 덕, 천지의 마음이 빚어내는 사랑」, 구연배 시집 『바다다』, 신아출

평을 시도한 바 있거니와, 이번 필자의 6시집 『석류』의 뒤풀이에서는 '천지팔도'를 통해 간략하게나마 그 경향을 담아보고자 한다.

3. 천지팔도天地八道와 시詩의 철학

원불교의 개교 이념은 "물질이 개벽되니 정신을 개벽하자"이며, 이 우주는 은혜로 가득 차 있음을 주장한다. 인간은 천지의 여덟 가지 도道[9]의 큰 은혜를 받으며 살아가고 있으니, 물질이 개벽되는 이때에 마땅히 그 은혜에 감사하고 보은을 실천해야 한다는 것이다. 여기서 특기할 만한 것은, '천지팔도'의 은혜에 보은하는 길은 다른 데 있는 것이 아니라 그 천지팔도를 실천하는 일이라는 것이다. 천지팔도(무념, 무량, 수용, 해탈, 정성, 순리, 공정, 광명) 속에서 태어났으니 천지팔도로 살아가라는 것이며, 한마디로 우주 운행의 진리를 실천하라는 것이다. 이때 성불제중成佛濟衆 제생의세濟生醫世가 이루어지고 파란고해의 일체 생령을 광대무량한 낙원으로 인도할 수 있다는 것이다.

사실 여기서 말하는 천지팔도의 각 명칭은 본래 현상계의

판사, 2023.
9) 『원불교전서』 「교의편」 '사은(四恩)' 중 '천지보은의 조목'

상대적 개념이 아니라 절대계의 궁극적 원리를 상징하는 단어들이다. 이러한 명칭은 결국 자연의 질서에서 발견되는 여덟 가지 절대적 개념[신의 형상]을 편의상 현상계의 언어로 구분한 것이라 할 수 있다. 이 절대의 초월적 개념들을 나의 시들이 감히 감당할 수 있다고는 전혀 생각하지 않는다. 천지팔도의 개념을 말하기 위하여 시도하는 일이라 해야 옳을 것이다.

그리고 하나의 시에는 팔도 중 하나의 개념만을 담고 있는 것은 아닐 것이나, 편의상 해당 시에 나타나는 대표적인 개념을 주장하기 위하여 특정한 하나를 내세우는 것임을 먼저 밝힌다. 천지팔도 각 조목에 인용하는 시들에 대한 평은 최대한 생략하고, 각 개념과 관련된 최소한의 내용만을 담고자 한다.

1) 무념無念[10]

자연은 변화하되 신의 뜻을 조금도 거역하지 아니하고 운행된다. 편향된 아집이 없이 있는 그대로 본래의 모습을 스스로 보일 뿐이다. 만법으로 응용되고 변화하되 자신이 무엇을 이루어냈다는 상相을 나타내지 아니한다. 상대적 개념을 초

---

[10] 『원불교교전』의 「정전」 '천지팔도' 중 '무념' : "천지의 응용 무념(應用無念)한 도를 체받아서 동정간 무념의 도를 양성할 것이며, 정신·육신·물질로 은혜를 베푼 후 그 관념과 상(相)을 없이 할 것이며, 혹 저 피은자가 배은망덕을 하더라도 전에 은혜 베풀었다는 일로 인하여 더 미워하고 원수를 맺지 아니할 것이니라."

월한 공적영지空寂靈知의 무념 속에 깨어서 움직일 뿐 억지로 꾸미지 않고 과장하지도 않는다. 그리하여 원불교 정전에서는 '무념'을 법신불 일원상[청정광명심]의 한 형상으로 보고 인간이 지향해야 할 팔도八道의 하나로 삼은 것이라 하겠다.

다음 시는 밤새 요물들에 시달린 꿈속 체험을 형상화한 작품이다. 꿈속만이 아니라 실상 우리 인간의 현실도 스스로 괴물 같은 허상을 만들어내고는 그 허상에 시달리면서 살아가고 있다. 이는 자기업보의 대표적인 예라 할 것이다. 이 망상들에서 벗어나는 길은 무엇일까. 물론 진실을 그대로 바라보는 힘을 키우는 일일 것이다. 졸시 「괴물론」은 작금 전례 없이 괴팍스럽게 흘러가는 정치적 현실을 안타깝게 여기며, 있는 그대로의 진실을 직시하기 바라는 마음을 담아낸 작품이다.

괴물은 없네. / 방안이 요란해 먼지가 자욱할 뿐 / 잠시 놔두면 고요해지지. // 잠자다 일어난 새벽과 / 다시 또 일어난 새벽 사이 / 난 따라다니는 요물들에 시달렸네. // 끝없이 시달리는 게 억울하고 / 퍼뜩 스치는 게 있어 소리쳤지. // "이 허깨비들아" // 허~ 이럴 수가? / 그 시끄럽던 요물들이 뿅 사라진 / 눈앞의 텅 빈 자리…… / 난 깜짝 놀라 눈을 떴네. // 봄이 와도 봄이 아닌 아침마다 / 허공을 마주하고 외치네. // "이 허깨비들아"

- 「괴물론」 전문

2) 무량無量[11]

 천지의 도는 광대무량하기에 도를 구하는 이는 마땅히 이를 본받아 편착심을 벗어나 무량한 마음으로 배우고 실천하라는 것이다. 이는 태양이 햇빛을 동서남북 차별 없이 비추는 일과 마찬가지라 할 것이다. 유교로 보면 인仁이요, 불교의 육바라밀로 보면 보시布施에 해당한다 하겠다.

 필자는 수년 전 반려견을 맞이한 후로 반려견과 함께 자주 숲속을 산책하게 되었다. 이때 지인이 보내오는 클래식을 듣곤 했는데 어느 날 그 클래식은 4월의 숲속 분위기와 묘하게 어울리며 다가왔다. 덜꿩나무꽃이 쌀밥처럼 보기 좋게 수북이 피어 있었고, 이 꽃은 세월호 참사 뒤 조문하러 가는 길에 피어 있던 눈부신 이팝나무꽃을 연상시켰다. 동시에 4월 숲속을 맞이하기까지 견뎌야 했을 '숲속의 겨울'이 떠올랐다. 우리의 이 땅에는 지금도 제주4·3항쟁 희생자며 보도연맹 희생자 등 얼마나 많은 원혼들이 누워 있으며, 여전히 아픔 속에 울고 있는가를 떠올려야 했다.

 하얀 덜꿩나무꽃이 눈부시고 / 애기나리꽃이 무더기로 피어 있는 / 숲속 / 텔레만의 '트라베소와 / 리코더를 위한 협주

---

[11] '천지팔도' 중 '무량' : "천지의 광대무량한 도를 체받아서 편착심(偏着心)을 없이 할 것이요"

곡이 흘러나온다. / 나무구멍에서 나오는 소리 / 화음의 절정을 이루면서 / 문득, 헤아려지는 건 / 지난겨울 이 숲속에서는 / 무슨 일들이 일어났을까. / 말로 표현되지 않을 아픔은 이렇게 / 소리로 달래질 수 있겠구나. / 비 개인 날 오후, / 새소리도 들려오고 / 덜꿩나무꽃 여기저기 피어 있는데 / 쌀밥이 그릇그릇 놓여 있는데 / 나무들 사이로 진혼곡이 흐르는 / 여기, 그 겨울 숲속

- 「겨울 숲속」 전문

3) 수용受容[12]

이 '수용'은 육바라밀로는 인욕에 해당하는바, 인과의 작용을 수용하는 입장에서 볼 때 흉한 일을 당한다는 건 그럴 만한 사유가 자신에게 있었다는 것을 인정한다는 것이다. 즉 억지로 참는다는 게 아니고, 청정광명심의 입장에서 하늘이 주는 인과성을 그대로 인정하고 받아들인다는 것을 의미한다.

다음 시 「풍경風磬」은 최근의 정치적 상황 속에서 까마득한 절망감을 느끼며 쓴 시다. 그러나 어쩔 것인가. 하나의 별이 떨어진다는 건 어디선가 또 다른 희망의 별이 떠오른다는 신호가 아니겠는가. 허공에 매달린 한 마리 물고기는 스스로를

---

[12] '천지팔도' 중 '수용' : "천지의 길흉 없는 도를 체받아서 길한 일을 당할 때에 흉할 일을 발견하고, 흉한 일을 당할 때에 길할 일을 발견하여, 길흉에 끌리지 아니할 것이요"

채찍하며 긴 세월을 수용하고 다시 건너야 하지 않겠는가.

> 밤하늘에 별들 가득하네. / 별들 가없이 떨어지네. // 별이 진다는 건 / 누군가의 가슴에 질끈— / 꽃망울 솟으리라는 기약이리라. // 허공으로 돌아간 / 처마끝 물고기 한 마리 // 무량한 바람을 타고 / 작은 몸 씻어내겠네. // 또랑또랑 눈을 뜨고 / 반짝이는 은물결 건너가겠네.
>
> — 「풍경風磬」 전문

4) 해탈解脫[13]

천지팔도 중 '수용'이 대체로 인생사 길흉의 초월과 그 자유자재를 뜻하는 것이라면, '해탈'은 만물의 변화와 인생의 생로병사에서의 자유자재를 뜻하는 것임을 알 수 있다. 본래 청정광명심 '법신불 일원'의 진리는 걸림이 없는 것이니, 수행을 통해 이를 본받고 인간의 생로병사에서 경계를 초월하라는 것이다.

다음 시 「타프롬 사원」은 시적 상상을 통하여 생사의 경계를 초월하고 자유자재하게 변화하는 대자연의 섭리를 형상화한 시라 할 수 있으리라. 색[현상계]이 공[절대계]이 되고 공이

---

[13] '천지팔도' 중 '해탈' : "천지의 영원불멸한 도를 체받아서 만물의 변태와 인생의 생·로·병·사에 해탈을 얻을 것이요"

색이 되는 순환의 이치를 직관하고 그렇게 굴러가는 대자연의 현상을 타프롬 사원의 현장에서 발견한 것이다. 이 속에는 어머니를 존경하는 아들의 뜻과 자연의 이치[신의 형상]로 들려오는 어머니의 마음, 그 관계 속에 나무의 씨알과 새와 새의 똥과 담장의 돌들이 엮어져서 신의 목소리를 들려주고 있다. 결국 필자는 그 신의 목소리는 '타프롬 사원'뿐만이 아니라 자신의 내면에서 울려나오고 있음을 암시한다.

    돌과 돌 사이, 육중한 조각돌 / 틈새, 천상의 새가 날아와 놀다가 / 똥으로 싸질러놓고 간 실크코튼 / 나무 씨알 몇 개가 / 돌도 담장도 예술도 권력도 문명도 / 역사도 종교도 모두 끌어안고 / 삼키고 녹여버리고 / 신의 말씀 소리 없이 들려오는 곳 / 자야바르만 7세가 / 자나깨나 어머니를 경배하며 / 극락왕생을 위해 만든 사원이라는데 / 그 어머니 혼령, / 새가 되어 / 여기 잠깐 머물다 떠나셨구나. / 무엇을 더 보고 싶은가. / 자연은 똥도 어머니가 되는구나. / 똥도 나무가 되는구나. / 실크코튼 꼭대기에 흰 구름 흘러가네. / 몸속 어디 떠돌던 극락조 / 한 줄기 휘파람으로 다가오는가.

- 「타프롬 사원」 전문

5) 정성精誠[14]

천지 운행의 시종 여일한 도는 가깝게는 춘하추동 계절의 변화를 보면 분명하고, 언제 어디서나 똑같이 작용하는 만유인력의 법칙이나 해와 달의 운행을 통해서 확인할 수 있다. 현상계의 이런 보편법칙은 시공을 초월한 절대계[청정광명심, 법신불 일원상, 무극과 태극]의 근본원리가 밖으로 작용하여 나타난 결과라 할 것이다. 천지의 도가 그러한즉 도의 세계를 얻고자 하는 자는 마땅히 이 도의 여일함을 본받아 정성을 다하여 수행해야 한다는 것이다.[15]

다음 시「장다리꽃」에서는 한겨울에 꽃을 피워 올리는 생명의 경이로움을 그려내고 있다. 즉 이 시의 주제는 그런 경이로움이 나타나기까지의 과정에서 찾아진다 할 수 있으니, 하나는 배추 한 포기의 변화과정을 꾸준히 관찰하는 정성이요, 다른 하나는 한겨울 긴 시간 동안 아직 붙어 있는 한 생명을 보듬고 끝내 꽃을 피워 올리는 배추 한 포기의 변함없는 정성이 그것이다. 특히 이 시에서 강조하는 것은 후자의 정성이라 할 것이다.

두 달 가까이 물과 햇볕만을 받으며 자신의 할 일을 다

---

[14] '천지팔도' 중 '정성' : "천지의 지극히 정성한 도를 체받아서 만사를 작용할 때에 간단없이 시종이 여일하게 그 목적을 달할 것이요"
[15] 졸고, 「일원의 꽃 '우담바라'와 존재의 근원 '천지팔도'」, 『원불교문학 23집』, 원불교문인협회, 2024, 271쪽.

하는 배추 한 포기의 장엄한 모습에서 현재 우주가 어떻게 운행되고 있으며, 인간 내부의 소우주 역시 어떻게 운영되어야 하는가를 암시한다 할 것이다.

> 한겨울 배추 한 포기 / 끼니마다 뜯기더니 / 섣달보름 한 잎 한 잎 / 설 아침에도 한 잎 두 잎 / 우수 앞두고 // 차 / 마뜩 / 지못할 / 싹노랑 / 조막손 // 종재기로 옮겨 열흘 / 또 열흘 손을 모으더니 / 쑤욱- / 어쩌지 못해 솟아났어라. / '금-쪽-햇-살'
>
> - 「장다리꽃」 전문

6) 순리順理[16]

절대계의 진리는 원만구족하여 불합리가 있을 수가 없으나, 현상계는 음과 양으로 나누어져 그 세력에 따라 균형이 어긋나고 불합리가 발생하게 된다. 그러나 현상계도 법신불 '참나'의 작용으로 굴러가는 것이기에 분별심으로 발생하게 된 불합리일지라도 결국 인과의 작용에 의하여 균형점을 회복하고 합리의 길로 들어서게 된다. 이 말은 결국 불합리한 상황을 마주하게 된다 할지라도 이에 끌려가지 말고 선제적

---

[16] '천지팔도' 중 '순리' : "천지의 순리자연한 도를 체받아서 만사를 작용할 때에 합리와 불합리를 분석하여 합리는 취하고 불합리는 버릴 것이요."

으로 먼저 합리의 길을 택하고 바로 잡아야 한다는 것을 의미하며, 이를 '순리자연'이라는 말로 표현한 것이라 할 것이다.

다음 시 「임진각 산뽕나무」는 남북분단의 민족적 비극을 주제로 하고 있으며, 이런 비극도 세월이 흘러 언젠가는 순리에 의해 해결되리라는 희망을 담고 있다. 알고 보면 현상계의 일은 순리 아닌 것이 없다. 적기를 맞추면 말 그대로 편안하게 해결되는 순리가 될 것이요, 때를 놓치면 당연히 어렵게 풀리는 순리가 된다 할 것이다. 그런즉 불합리가 아닌 합리를 택하여 모든 일에 적기適期를 맞추고 상생적으로 해결할 수 있도록 노력해야 한다는 것을 의미한다 하겠다.

강물도 여릿여릿 흘러가는 / 여기 이승에서는 / 쏟아지던 총알도, 파편도 / 증기기관차도 모두 / 흙먼지로 돌아가는가. // 성자를 닮은 새, / 기관차 화통 위에 날아와 / 달빛씨알 하나 묻어놓고 / 떠나갔는가. // 바람 불고 / 눈 내리고 / 얼음장 밑 그리움으로 / 긴 강물 다시 흐르고 // 아름드리 산뽕나무 서 있을 / 여기 평화공원에 / 우리들 / 신혼 같은 달밤은 찾아오리라.

- 「임진각 산뽕나무」 전문

7) 공정公正[17]

원불교 교조 소태산 박중빈은 법신불 일원의 진리를 요약하여 '공空과 원圓과 정正'이라고 말한바, 모든 일에 무념을 행하는 것이 공空이요, 모든 일에 무착행을 하는 것이 원圓이요, 모든 일에 중도행을 하는 것이 정正이라고 하였다. 이렇게 보면 천지팔도 중 '공정'은 공空과 원圓을 바탕으로 한 정正의 실천을 의미한다 하겠다. 과하지도 모자라지도 않고 중심에 맞게 실천하는 일이야말로 진정한 중도의 실천행이라 할 것이다.

다음 「낮달맞이꽃」은 월남전 때 한국군이 저지른 민간인 학살 비극을 소재로 하고 있으며, 이미 저서와 매체를 통해 그 구체적인 내용이 공개된 바 있다. 전쟁이 끝난 한참 이후 피해자 응우옌티탄이 한국법원에 소송을 걸고 진실을 위한 투쟁을 벌이는 내용이다. 우리나라는 일제 때와 6.25전쟁 때 얼마나 많은 희생을 치렀던가. 역지사지는 스스로의 정의를 실현하는 데 있어서 가장 기본이 되는 황금률적 가치라 할 것이다. 한쪽에 치우치지 않고 중심에 서서 공정을 실천하는 일이야말로 당당한 중도의 실천행이라 할 것이다.

---

[17] '천지팔도' 중 '공정' : "천지의 지극히 공정한 도를 체받아서 만사를 작용할 때에 원·근·친·소와 희·로·애·락에 끌리지 아니하고 오직 중도를 잡을 것이요"

눈에 잘 띄지 않아도 / 손가락 가리킬 일 없어도 / 낮달은 우리들 머리 위를 떠다니지. / 1968년 2월 12일 오후 / 베트남 퐁니·퐁넛 마을을 / 한국군 일개 중대가 지나간 후 / 민간인 일흔네 명이 지워졌지. / 열아홉 살 응우옌티탄은 / 가슴을 난도당해 죽고 / 총 맞고 빠져나온 / 여덟 살 또 다른 응우옌티탄은 / 엄마, 언니, 남동생까지 잃고 / 도무지 죽을 수 없어 환갑 나이에 / 2020년 대한민국 법정에 호소했지. / 흐린 날이 아무리 길어도 / 들불처럼 되살아나는 / 그 하루 대낮 마을풍경, / 화약연기는 지금도 / 팔십여 민간인학살지에서 / 무리 지어 노랗게 피어오르고 있지. / 퐁니촌 야유나무는 아직도 싱싱하다. / 학살을 인정하라. / 피해자에게 사과하라.

- 「낮달맞이꽃」 전문

8) 광명光明[18]

법신불 일원의 진리 즉 현상계를 통괄하는 절대계의 '청정광명심'[참내은 그 자체로 '광명'한 상태라 할 것이다. 육바라밀로 보면 '지혜'에 해당한다 하겠고, 이 '광명'은 천지팔도의 나머지 일곱 가지 조목이 착오 없이 조화를 상호작용하게 함

---

[18] '천지팔도' 중 '광명' : "천지의 지극히 밝은 도를 체받아서 천만 사리(事理)를 연구하여 걸림 없이 알 것이요"

으로써 전지전능의 기능을 갖게 한다. 달리 말하면 '광명'은 지적 장애인 무지無知와 심리적 장애인 아집我執을 벗어나 자유자재 일을 처리하는 진리의 한 특성이라 할 것이다.

다음 시 「피아노」는 창작의 동기에서 시집 속 다른 시들과 구별된다. 한 화가의 그림을 시로 형상화한 작품이기 때문이다. 화폭 전체의 모래사막에 큰 구덩이가 여기저기 깊게 파여 있고, 사막 중간부에는 피아노가 놓여 있다. 푸른 하늘이 상단에 일부 제시되어 있고, 하단에는 거대한 시계가 사막과 한 덩어리가 되어 녹아 있는 모습을 보인다. 여기에 음양오행을 뜻하는 오방색五方色의 일부가 좌측 하단에 표시되어 있어 우주적 진리를 암시하는 이 화가의 고유한 특성을 담고 있다.

필자는 시간과 공간의 개념이 강조되어 엮어진 사막의 그림 속에서 자칫 무간지옥으로 떨어질 수 있는 현상계의 현실을 보았고, 이런 속에서도 피아노에서는 맑은 하늘과 오방색이 주는 상징성을 통해 천상의 메시지를 울려 보내고 있는 화가의 의도를 느꼈다. 천국과 지옥은 자신 내부의 청정광명심을 어떻게 발견하고 이를 실현해내느냐에 달려 있음을 표현한 것이라 할 수 있다. "바위 속에서 흘러나오는 / 그대 숨소리……" 어찌 보면 겉으로 바윗덩어리에 불과한 물체일 수 있지만, 이 바윗덩어리처럼 보이는 검은 피아노는 사시사철 하늘의 말씀을 흘려보내고 있다는 것이며, 아울러 이 바위[피아노]는 근원적으로 사막의 모태가 되는 것으로 결국 현상계[色]의 모든 인연작용은 절대계인 '참나'의 작용이라는 사실을 암시한다.

　아무리 무간지옥이라도 / 네 한눈 돌리면 // 억겁의 일들 흐물흐물 / 녹아버리지. // 가도가도 끝이 없는 / 모래사막 한가운데 // 춘하추동 그 푸른 말씀 / 울려나오네. // 천상의 그 소리 / 듣고 있는가. // 바위 속에서 흘러나오는 / 그대 숨소리……

- 「피아노」 전문

4. 하늘이 준 선물

　지나온 내 삶을 돌아보면 시에도 삶에도 그리 치열하게 살아온 것 같지가 않다. 그러나 어찌하랴. 지난 일은 지난 것이고 내가 할 일은 지금의 나를 다독이고 추스르며 살아갈 뿐이다. 내 시에 대하여 스스로 이리저리 말한다는 게 다소 우습지만, 이런 시도는 내가 어떻게 살아왔고 무엇을 지향하고 있는가를 어눌하게나마 드러내는 소중한 자리가 될 수도 있을 것이다. 어쩌면 이는 내 시 창작의 기본 철학을 밝히는 자리요, 부족하지만 요즘 가끔씩 쓰게 되는 내 평론의 근거를 드러내 보이는 한 방편이라 할 것이다.

　앞서 말했듯이 대승불교의 기본 경전인 『반야심경』의 핵심은 "색즉시공色卽是空 공즉시색空卽是色"이라 할 수 있을 것이다. '색즉시공'만 강조한다면 현상계를 거부하는 소승의 태도가 될 것이지만, '공즉시색'은 모든 색이 공空[청정광명심]의 작용으로 나타난 것이라고 함으로써 눈앞의 모든 현상계를 긍정한다. '공'과 '색'은 본래 상호 순환하며, 동시 발현하는 관계임을 말한 것이다. 즉, 청정광명심은 비록 '공'으로 표현되기도 하지만 결코 '텅 빈 것'이 아니요, 이 진리가 현상계로 발현될 때는 청정광명심 안에 가득 차 있는 본유종자本有種子[19]의 특성을 발휘하며 등장한다 할 것이다.

다음 시 「석류」는 축시의 형식으로 불현듯 출현하게 된 작품인데 그래서 그랬는지 이 시에는 수행의 과정이 녹아 있다. 공의 세계를 체득하게 되는 긴 수행의 과정이 담겨 있으며, 공을 통해서 현상계가 제대로 다가오게 되는 이치가 담겨 있다. "당신을 내려놓으니 / 당신은 바람처럼 다가왔네."라는 표현이 그것이다. 그러한 세계에서는 절대계와 현상계가 둘로 나누어질 일이 없게 되는바, 이때 우리 눈앞의 모든 "사라지는 것들"이 바로 '꽃'으로 다가오게 된다는 것이다.

   강을 건너고 산을 넘고 / 쏟아져 내리는 별들을 바라보며 / 얼마나 환호했던가. // 당신이 그리워 달려오면서 / 하늘가 무지개를 바라보면서 / 얼마나 기뻐했던가. // 허나, 평생을

---

19) 본유종자 : 우주의 진리 안에 내재된 천지팔도, 육바라밀, 인의예지신, 음양오행 등의 근본원리를 말함.

걸려도 / 당신은 가물가물 다가오지 않았네. / 나는 일어설 수 없었네. // 그리움도 사랑도 다 지우고 나서야 / 알게 되었네. // 내 가슴속에 시나브로 / 붉은 석류알이 익어가고 있었네. / 당신을 내려놓으니 / 당신은 바람처럼 다가왔네. // 모두 그리움이었네. / 눈물 내 사랑, / 사라지는 것들이 꽃이었네.

- 「석류」 전문

물질문명의 발달이 극한의 상황에까지 도달하고 있는 이때 뿔뿔이 분열되어 있는 인류의 상황은 위기를 더욱 고조시키고 있다. 기독교의 "하늘에서 이루어짐같이 땅에서도 이루어지이다"라는 말과 동학의 "인내천"이라는 말은 그 지향하는 바가 동일하다. 그런 점에서 '하늘'이 품고 있는 본유종자의 특성을 헤아리는 일은 무엇보다 중요한 일이라 할 것이다. 물질의 발달에 맞게 인류의 정신적 균형을 회복하는 일이 지상의 과제가 된 것이다. 다행히 인간의 내부에는 하늘이 내려준 선물이 깃들어 있지 않은가?

문예시선 015

있음과 없음 너머

초판1쇄 발행 2024년 7월 25일

지은이 김광원
펴낸이 오경희

주간 조승연
편집·디자인 오경희·조정화·오성현
　　　　　　　신나래·박선주·정성희
관리 박정대

펴낸곳 문예원
창업 홍종화
출판등록 제2007-000260호
주소 서울 마포구 토정로 25길 41(대흥동 337-25)
전화 02) 804-3320, 805-3320, 806-3320(代)
팩스 02) 802-3346
이메일 minsokwon@naver.com
홈페이지 www.minsokwon.com

ISBN　979-11-90587-48-8　04810
　　　　979-11-965602-2-5　SET

ⓒ 김광원, 2024
ⓒ 문예원, 2024, Printed in Seoul, Korea

이 책은 저작권법에 따라 보호를 받는 저작물이므로 무단전재와 복제를 금지하며,
이 책의 전부 또는 일부를 이용하려면 반드시 저작권자와 출판사의 서면동의를 받아야 합니다.